我们的哈军工父辈

王春晖 王鹍燕 主编

哈爾濱工程大學出版社
Harbin Engineering University Press

内容简介

铭记历史是为了赓续红色血脉、开创美好未来。为纪念哈军工成立70周年，本书集结了30余位哈军工后代的文章，谈往事、忆亲人、讲奉献、承血脉。他们用简单真实的笔触，饱含深情地回忆父辈们的传奇经历，追忆父辈们爱国为国报国的峥嵘岁月。父辈们是榜样，是力量，是方向。老一辈为之奋斗终身的事业，必将在一代代军工传人手中赓续传承、开拓创新。

图书在版编目(CIP)数据

我们的哈军工父辈 / 王春晖，王鹍燕主编. — 哈尔滨：哈尔滨工程大学出版社，2023.6
ISBN 978-7-5661-4016-6

Ⅰ. ①我… Ⅱ. ①王… ②王… Ⅲ. ①哈尔滨工程大学-校史-史料 Ⅳ. ①G649.283.51

中国国家版本馆 CIP 数据核字(2023)第115841号

我们的哈军工父辈
WOMEN DE HAJUNGONG FUBEI

选题策划 王春晖 刘凯元
责任编辑 刘凯元
封面设计 李海波

出版发行 哈尔滨工程大学出版社
社　　址 哈尔滨市南岗区南通大街145号
邮政编码 150001
发行电话 0451-82519328
传　　真 0451-82519699
经　　销 新华书店
印　　刷 哈尔滨午阳印刷有限公司
开　　本 787 mm×1 092 mm 1/16
印　　张 13
字　　数 215千字
版　　次 2023年6月第1版
印　　次 2023年6月第1次印刷
定　　价 90.00元
http://www.hrbeupress.com
E-mail:heupress@hrbeu.edu.cn

前　言

战火催生的哈军工，肩负着强国安邦的使命，孕育着新中国军事工程技术的希望。陈赓大将带领一代哈军工人在艰难困苦中奋起，在艰辛探索中前进，不仅为我国培养高级军事技术人才、发展先进武器装备发挥了开创性作用，更对我国高等军事技术教育格局产生了深远影响。

七十年前，国家百废待兴，国防科技落后。在一声嘹亮的军号声中，这所神秘的军事院校在北国冰城毅然崛起。父辈们背井离乡，怀着满腔炙热的报国之心投身到无限的为国奉献中。他们不计得失，鞠躬尽瘁；他们不畏艰辛，丹心铸剑；他们攻坚克难，废寝忘食；他们不负使命，铸就辉煌；他们一心向党，一身为国……父辈们用行动诠释了哈军工精神，用担当彰显了军人本色，用汗水和智慧为新中国的国防现代化做出了不可磨灭的贡献！

跟随父辈们砥砺奋进的红色足迹，我们看见了一个个为中华之崛起而读书的中国青年，看见了一位位秉持“三严”教风诲人不倦的师长，看见了中华民族的满腔热血和铮铮铁骨，看见了哈军工人献身国防的坚定信念和勇攀高峰的英雄气概。

本书讲述的不仅是回忆，还有传承。七十年间，从哈军工到哈工程，从军工圣殿到海洋强校，哈军工的红色血脉与哈工程的蓝色使命在此交融。七十年来，这所高校始终与祖国命运紧密相连，与祖国共发展。每一位哈工程人都始终铭记“为船为海为国防”的使命担当，秉持“大工至善、大学至真”的校训，赓续红色血脉，践行蓝色使命。作为“成长在军号声中，求知在松花江畔”的哈军工传人，每一次迈向星辰大海的征程，都有哈工程人的身影；每一次祖国的召唤，总有哈工程人用行动去响应。“可堪国家大用，能负民族重任！”一代代哈工程人不懈拼搏、接续奋斗，磨砺出经得起时代、历史和人民检验的成就。

本书讲述的不仅是传承，更是信仰。七十年后，国家科技、军事进入快速发展的轨道。几经变迁，哈军工已经淡出历史舞台，但她的名字却永远留

在了新中国国防科技事业的史册上，也铭刻在父辈们的青春记忆里。哈军工的前辈们走过的道路是一次没有终点的伟大远征，他们用行动孕育出来的哈军工精神，是中国共产党领导的人民军队革命风范的生动反映，是中华民族自强不息的民族品格的集中展示，是以爱国主义为核心的忠诚精神的生动诠释，更是推动后辈们走好属于新时代的哈军工人的“远征路”，成为中华民族伟大复兴梦的筑梦者最为宝贵、最为重要的精神力量。纵使哈军工已分建为多所高校，但父辈们所铸就的哈军工精神永存！他们将为国家的国防事业前仆后继、无私奉献的精神品质化作信仰，指引着后辈们循着他们的足迹，砥砺奋斗，不负韶华。

嘹亮的军号声依然会在军工大院里回荡，就像哈军工的精神依旧影响着每一个哈工程人。愿我们都能擎起哈军工的旗帜，以吾辈之青春，传前辈之火炬，照盛世之中华。

恰逢哈军工成立 70 周年之际，后辈们用文字记录下父辈们在哈军工的点点滴滴，带读者追寻父辈们的足迹，铭记那段峥嵘岁月。

你们的行动、你们的精神、你们就在前方的身影，无时无刻不感染、激励着我们。我们将见你们未见的世界，写你们未写完的诗篇，热爱你们的热爱，沿着这条光荣之路，继续勇往直前……

编　者

2023 年 4 月

目　录

国家和人民的利益至上
——忆我的父亲于贞杰

（作者：于守东）

【父辈简介】

于贞杰，小名于传禄，1919年12月3日出生，山东省淄博市临淄皇城镇锡腊营村人，毕业于南京军事学院，曾任中国人民解放军军事工程学院（哈军工）二系（原子工程系）党委书记、长沙工学院（现国防科技大学）院领导小组成员（副军级）。于贞杰曾获得两次抗日和解放战争战斗英雄勋章、中华人民共和国三级独立自由勋章、三级解放勋章。1958年9月，他作为原广州军区赴北京观礼团团长参加了全国群英会，10月1日参加国庆观礼，受到毛泽东、刘少奇、朱德等党和国家领导人的接见并合影。于贞杰作为哈军工搬迁领导小组组长，在哈军工搬迁及组建长沙工学院进入尾声时因病逝世，年仅56岁。

【我的父辈】

“三杰”中的幸存者

我的父亲于贞杰是山东省淄博市临淄皇城镇锡腊营村人，中学毕业于临淄县立中学，七七事变后，参加了锡腊营村民兵自卫团。1939年9月，他正式加入八路军山东纵队第三支队，10月加入中国共产党。从文化教员到指挥

员，从山东纵队到东北民主联军、东北野战军、中国人民解放军第四野战军，父亲曾历经无数次战斗。在党和国家的培养下，他从一个年轻热血的爱国青年，一步步成长为国家军事科技开拓大军中的一员。

原子工程系第一届党委(成员)合影

(前排右起：贺达、祝玉璋、姜国华、朱起鹤

后排右起：于贞杰、李宝元、尹孤平、杨忠信、杨金翠)

参加抗日前，父亲和另外两个同伴都改成了最后是“杰”字的名字，于是他们就成为当时全村闻名的“三杰”。也正是从那时起，父亲正式改名为于贞杰。当时和父亲一起加入抗日支队的还有另外八个人，在经过一个星期的战斗后，最后只剩父亲一人活着。父亲常说，战争是非常残忍和无情的，能活了下来便是幸运。他常常在饭后讲述一些战争中的小片段。比如东北地区的战斗非常艰难，当时市区的地上布满了尸体和血，马也是通人性的，因此进入市区马都不迈步。有一次父亲正在用望远镜观察对面敌人的阵地，警卫员突然一下子拖住他的腿，用力地把他拽进了战壕里，紧接着一发炮弹落到了他刚刚站的位置，以至于多年后父亲仍然非常敬佩警卫员的警觉和经验。他在跟随山东纵队三支队司令员杨国夫跨过胶济铁路参加清河平原游击战争时，经常不停地转移地点，为了躲开敌人的正面围攻，每天都要行进大量路程。父亲还曾参加反击广饶国民党顽固派李环秋的战斗，除此之外，还在大夫店、南卧石、郑家辛庄、杨河等村庄与前来进犯的日军作战。父亲经历了1940—1942年这段抗日战争最艰苦、最困难的时期，随大部队转战于山东各大战场。正是和父亲一样的无数先辈们用流血和牺牲粉碎了日伪军的“铁壁合围”“清

剿”和“扫荡”。

1945 年 10 月，父亲随大部队奔赴东北战场，先后任东北民主联军第六纵队十七师八团一营副教导员、东北野战军四十三军一二八师三八四团一营教导员等职。在大大小小的战斗中，父亲善于指挥、身先士卒，带领部队取得了一次又一次胜利。之后，在解放武汉、江西、广东、广西、海南岛战斗中，都留下了父亲的身影。海南岛解放后，他还兼任中共田独（今属三亚市）第一任县委书记。他始终怀念着那些已经牺牲的战友以及无数革命英烈。他们没能看到新中国的成立，也没能过上他们向往的美好生活，而父亲此时只想在这和平的年代，踏踏实实做好工作，巩固这来之不易的和平与幸福。因此无论工作多么繁重，他从来都是以最饱满的热情对待。

严守国家秘密的创建者

父亲从南京军事学院毕业后，本来是要回到原广州军区等待安排工作，但突然接到了国防部的任命书，因此立刻从祖国的南端奔赴北国冰城哈尔滨报到。当时交通并不方便，父亲便先行到哈军工，我和弟弟都被送回了老家。父亲到哈军工之后立即投入了工作，而且越来越忙，连妈妈都很少能见到他。后来听妈妈说，因为短时间内要组建一个新系的领导班子，并要马上使工作开展起来，所以父亲和同志们都是夜以继日地忙碌。

父亲是团结同事的典范，在这个新组建的领导班子里，大家过去都不认识，但因为工作需要而从全国各地来到一起。父亲与贺达、祝玉章、姜国华等二系领导们在工作中相互沟通、相互支持、相互配合，形成了有战斗力的领导集体。

父亲一直严守国家军事机密，做事非常低调。每次我们问他在做什么，他总是说：“这是大人的事情，小孩儿不要问了。”所以我们从来也不知道他在做什么，只是觉得他一直忙于工作，甚至有时候以为他可能是从事军事或者后勤服务性的工作。多年以后，我们是在媒体上看到才得知父亲当时在哈军工参与筹建的是原子工程系，那是国家当时高度机密的工作。

父亲于贞杰与姜国华、祝玉璋拍摄于哈军工小平房前

由于哈军工的保密性质，父亲对工作既认真又负责，严格遵守一切保密制度。他逝世后人们想要他个人的工作照，但是我们却找不出一张，能找到的只有他和战友、同事的集体合照，以及他个人在非工作地的照片。我们从没有看到过他假期去休闲和旅游，他也从来没有时间陪我们玩儿。父亲常年忙于工作和出差开会，甚至连全家的合照都没能有机会照一张，而且他还经常在节假日和休息时间因工作而离开家。

言传身教的好父亲

生活中的父亲从来不给我们讲任何大道理，也不喊口号，但他处处以身作则，用行动为我们做示范。当小红楼（也称将军楼）有空房时，曾经有人提出让我们家从小平房搬到小红楼去。在那个时候小红楼的居住条件比小平房好得多，但是提议遭到父亲的拒绝。妈妈（孙玉凤）1948 年参军，之后随父亲调到哈军工。当学院里要给包括妈妈在内的职工们涨工资时，父亲直接告诉主管部门不要给妈妈涨工资。他回家后对妈妈说："我们家的钱够用了，我已经告诉主管部门不给你涨工资了。"

父亲是位一心为党、国家和人民服务的好干部，不仅认真执行上级交给他的任务，也非常关心最基层的群众，总是积极地关注解决最底层的问题。无论是干部、教师、职工、工人、学生，他都予以友善、关心和尊敬的态度去相处。我的父母生活非常节俭，在发生自然灾害时，除了帮助农村的亲朋好友，还努力帮助一些家庭生活困难的人。在父亲的影响和母亲的带领下，我们经常在节假日的时候去给贫困的职工和逝世职工的家属送粮，帮助他们解决一些生活困难，妈妈也数次将她的工资捐给一些生活困难的职工。父亲逝世后，妈妈一直坚持用自己节省下来的钱资助那些家庭生活困难的大学生完成学业。

那个时候的山东人重男轻女，但是我的父亲并没有轻视女儿。他总是尽量满足两个女儿(新华、京华)的要求，让她们一切优先。爸爸虽然没有时间陪她们，但每当学院内有体育和文娱活动时，他都支持她们去参与。无论女儿说什么，他都是满脸笑容。只要我们是做正向的事，父亲都支持。1968 年我和大妹妹放假回山东爷爷家时，他知道大妹妹在山东老家可能得不到像我一样的优待，他就把兜里的 7 元钱都给了大女儿，那个时候临淄当地的葡萄 1 毛钱一斤，一根甘蔗才几分钱。父亲对我和弟弟(小满)都很严厉。我刚高中毕业，他就送我到了最基层、最艰苦的野战部队锻炼了几年。在部队高强度的训练下我知道了什么是吃苦耐劳，什么是不怕苦、不怕死的精神。

记忆中的父亲，只要有时间就在学习，在家的时候，他晚上看书能看到很晚。父亲经常对我们说要好好学习，学习很重要。如果我们学习努力了，他会给予奖励，偶尔空闲时也会问我们学习成绩和在学校的表现。父亲有一个书柜，里面摆满了书，最醒目的位置摆着一本《毛泽东选集》。

这么多年过去了，每当我们回想起父亲时，仍能感觉到他无时无刻不在影响着我们。每当我们翻看父亲的工作证、任命书、奖章，他和战友、同事的合影及中央首长们接见的照片时，都会为有这样一位父亲感到无比的骄傲。他一生都在为革命、为工作、为军事科学技术的建设和发展默默地做贡献。正是因为这些有着高尚品质和崇高信仰的教职员工、干部、学员的共同努力，

哈军工才为国家今天军事国防的发展奠定了坚实的基础。我们作为他们的后代，将永远怀念和敬仰他们，要向他们学习，继承他们的光荣传统，为国家做出自己的贡献！

【我与父辈】

于守东，于贞杰长子，曾在中国人民解放军野战部队服过兵役，做过公安干警，某公司干部，现已退休。父亲的一生为我树立了一个无可替代的高尚榜样，让我学会了吃苦耐劳、尊重知识、为人真实善良、宽容大度。我将永远牢记父亲的嘱托：时刻听从党、国家和人民的召唤。

我国著名的迫击炮专家
——忆我的爷爷唐治

（作者：罗子鉴）

【父辈简介】

唐治，江苏省苏州市人，1937 年 2 月出生，1955 年高中毕业后，被保送至哈军工炮兵兵器系，1961 年 7 月大学毕业。哈军工分建时，留在南京理工大学任教。他主持设计了两门世界先进水平的 60 毫米迫击炮，曾获 1990 年国家科技进步奖二等奖(第一获奖人)、两次部级科技进步奖一等奖、光华科技基金奖一等奖，享受国务院政府特殊津贴，是我国著名的迫击炮专家。

【我的父辈】

爷爷生于 1937 年，正值抗日战争腥风血雨的艰苦年月。我们最难忘的是依偎在爷爷的身边，听他讲那些战斗的故事。在对越自卫反击战中，爷爷设计的迫击炮屡建战功。指战员高呼：60 毫米迫击炮万岁！那是催我们奋进的呼喊。

不知抗战苦　哪知今日甜

爷爷经常给我讲他童年的苦难岁月，“不知抗战苦，哪知今日甜”这句话一直挂在他的嘴边。抗日战争时期，曾祖父母在上海工作，为了躲避战火，

逃难到浙江临海。爷爷就在临海出生。不久卢沟桥事变爆发，日本飞机轰炸临海，投弹18枚，炸死73人，炸伤50余人，毁房12栋。国弱被人欺，当时的老百姓每天都过着东躲西藏的日子。无奈之下，全家先是逃难到仙居，后又从永安溪坐小帆船，经灵江到上海，又辗转到苏州祖父家。当时苏州的老百姓个个面黄肌瘦、破衣烂衫，在沦陷区过着饥寒交迫的亡国奴生活。由于长时间的物资贫乏，爷爷和他的哥哥弟弟，出现了严重的营养不良，他们的腿部都开始溃烂，并且得了严重的气管炎。到上学的岁数时，为了让孩子读书，高外祖母把自己陪嫁的金手镯拿出来，剪成小段，给小孩交学费。当时他们吃的是最差的籼米，里面混着无数的沙子、米虫；穿的衣服也都打着补丁。爷爷常常讲，不知道中华民族的屈辱史，就不知道先辈的流血牺牲、英勇奋斗。1945年8月15日，抗日战争终于胜利了，日本投降了，苏州鞭炮震天响，胜利的旗帜高高飘扬，胜利的号外满天飞，抗日的战歌传遍大街小巷。这是真正的人民的胜利！艰苦卓绝的抗日战争胜利了！每次听着爷爷讲这一个个故事，我都热血沸腾，热泪盈眶，也让我牢牢树立了为强我中华而努力学习的志向。

立军事工程师大志

1955年7月，爷爷从上海高桥中学毕业，被保送至哈军工。三个多月的野营生活，学员们摸爬滚打，磨炼了意志。冬天的北国风雪漫天飞舞，晚上站岗需要顶着零下30℃的严寒，翻毛皮鞋底都上翘变形，脚趾冻得生疼，须眉都是冰霜，但是爷爷从来没有因为条件艰苦而退缩。这对我触动很大，学习也一样，也要吃得苦才行。所以每当学习遇到困难时，我就会回想爷爷的话，并以此来严格要求自己、鞭策自己。

爷爷曾多次对我讲陈赓院长当年的风采。爷爷说，陈赓大将爱护知识分子，关心、保护教授专家，广罗人才，是真正的名校长！1955年入学的是见过陈赓院长的最后一期学生，听陈赓大将讲课是一种享受。1956年全校集合，听陈赓大将讲他在苏联参加原子弹实兵演习的情况，台下递了个纸条，说看不清陈院长，要求陈院长走下来和大家见见面，陈院长就走下来在学生列队中S形来回穿行。1958年9月2日，彭德怀元帅视察哈军工，到学生食堂，就站在爷爷边上，说："豆浆大家都吃吧！豆浆营养好，人人都要吃！"还在大礼堂作了报告，勉励同学们要努力学习，成长为军事工程师，为国防现代化奋斗一生。

爷爷给我讲故事时，常常眼含泪花。爷爷是哈军工第四期学生，在哈尔滨学习了五年，五年时间里连太阳岛都没去过，一心扑在学业上，在毕业时被评为优等生。

一生献给迫击炮研制

从哈军工毕业之后，爷爷一直从事和迫击炮相关的科研工作。1983 年 10 月，爷爷与湖南道县 9607 厂签了合同，任 PP89 式 60 毫米迫击炮总设计师。当时厂里要求迫击炮射程超过 2 000 米，但是爷爷查阅了国外的 60 毫米迫击炮资料，提出：射程要超过 2 500 米。爷爷和工厂的设计人员仅仅用了三个月就完成了新 60 毫米迫击炮的图纸设计和加工制造，并成功完成火炮总装配。工厂第一次实弹射击试验结果优良，射程超过 2 500 米。1984 年 11 月，在华阴国家靶场开展国家定型试验。炮声隆隆，回荡在靶场上空。新炮得到靶场鉴定会的高度评价：战术技术性能达世界先进水平。PP89 式 60 毫米迫击炮，打得准，构筑工事简单，在对越自卫反击战中屡建战功。1987 年 3 月 17 日，应前线指挥部电请，爷爷飞往昆明老山前线，为新式 60 毫米迫击炮的短训班授课，共有 60 多名迫击炮兵参加此次培训。

PP89 式 60 毫米迫击炮

1989 年，中印边界又紧张备战。边界山高林密，空气稀薄，严寒积雪，沟深苔滑，人的活动十分困难，因此压制火炮要小型化，只有跟得上，打得准，火力猛，才是压制火炮的最高标准。1989 年 3 月，爷爷任总设计师，到湖南道县 9607 厂，开始了 PP93 式远射程 60 毫米迫击炮的科研攻关，并于 1989 年 12 月完成 PP93 式远射程 60 毫米迫击炮的设计及加工装配，经

9607 厂及华阴国家靶场定型试验，该炮性能优秀！PP93 式远射程 60 毫米迫击炮，是一门营炮，射程 5 532 米，全炮重 22.9 千克，炮弹重 2.18 千克，密集杀伤半径 17.8 米，身管长 1 300 毫米，射击密集度优良。PP93 式远射程 60 迫击炮在战斗中屡建战功！

PP93 式远射程 60 毫米迫击炮

【我与父辈】

罗子鉴，1999 年出生，香港中文大学研究生毕业。

我的爷爷是从血雨腥风中走过来的人，他为强军强国事业奉献了自己的一生。他给我们后辈讲述的那些亲眼见证、亲身经历的故事，点点滴滴我始终不敢忘。那些故事中饱含的哈军工父辈们的精神，是滋养我们终生的宝贵财富。

一步一个脚印跟党走　跟党干
——忆我的父亲戈果

（作者：戈松雪）

【父辈简介】

戈果，1938 年入党，1939 年赴中国人民抗日军事政治大学（简称抗大）学习，后在抗大任教员、指导员。曾在中国人民解放军第二野战军事政治大学（简称二野军大）、中国人民解放军第二高级步兵学校（简称第二高级步兵学校）历任教员、系主任等职。1952 年调到哈军工；1953 年任政治经济学教授会主任；1958 年任院教务部政委，荣获“二级解放勋章”和“中华人民共和国三级独立自由勋章”；1966 年任哈尔滨工程学院教育长；1972 年任长沙工学院临时党委会委员；1975 年调中华人民共和国第七机械工业部（简称七机部）二院任党的核心组副组长、政治部主任；1978 年调到中共中央党校，先后任学员二部主任、行管局局长；1982 年离休。

【我的父辈】

光明磊落做人

家父戈果出生在河南省内乡县的一个小村庄，上过小学、中学，1938 年加入中国共产党，并参加我党领导下的光明话剧团，开展抗日救亡工作。在

此期间，家父历经艰难困苦，目睹山河破碎、民不聊生的惨状，对日本侵略者产生了无比憎恶之感，渴望在共产党的领导下，为人民大众创造一个光明的世界。由此家父立下誓言：干革命不能光做口头革命派，而是要扎扎实实，一步一个脚印跟党走，跟党干，要用自己的心血和汗水走出一条光明之路，要在党的领导下做一个光明人，而且光明到底。

哈军工时期的父亲

家父的一生坚持实践他的誓言。他光明磊落、朴实无华、襟怀坦荡的性格是在革命队伍中长期磨炼养成的。当年家父作为一个热血青年为了追求光明，增长知识，几经申请终于如愿以偿进入抗大学习。编入学员队以后，队里宣布，要通过上开荒种地第一课，每人开二至三亩地，轮流做饭当炊事员，磨炼意志；通过行军打仗，做群众工作，锻炼胆识；通过上政治文化课，听党和军队领导人的讲话，提高觉悟；通过参加学校组织的各种活动，在团结、紧张、严肃却又不失活泼的氛围中，培养情怀。

二野军大从发展党的教育事业出发，为学校培养教育干部，从上万名学员中选调出近五百名学员成立教育干部大队，家父曾任教育干部大队政委。家父在接受这一任务时，牢记当年在抗大时听到的两句话：“学校中每一个教职员都是‘干部的干部’，是‘老母鸡’，教育事业是非常光荣的革命工作。”“我也是一个教员，不过是没有吃过洋面包的教员，我们不要妄自菲薄，不要看不起自己这个教员，其实教员是无私的，一不谋官，二不为利，把自己的一切都献给了革命，献给了人民，乐得桃李满天下，乐得青出于蓝而胜于蓝，这是我们当教员的光荣。”家父始终用这些话鞭策和鼓励自己，尽职尽责地开展工作。

家父一生严于律己，诚以待人，同时注重对子女的教育和培养。他一直教育我们要老老实实地做人，勤勤恳恳地工作，认真努力地学习。我们姊妹五个在青少年时期就离开了家，不论是上山下乡在农村，还是参军入伍在部队，抑或是上学读书在学校，直到后来到各自工作岗位，家父都一直关心着我们的成长和思想情况，经常通过写信和谈话等方式及时对我们进行教育，指导我们树立正确的人生观，克服各种困难，解决各种问题，努力工作，有上进心。在家父的榜样作用和影响下，我们五个孩子都成了共产党员，不忘初心，一直保持着老实做人、踏实做事、不断学习、努力工作的优良作风。1994 年，我要被派往中国驻美国大使馆工作，离家赴任前，家父在给我的临别赠言中写道："北大荒易水寒不忘过去；大西洋美利坚不辱使命"。北大荒是我到黑龙江生产建设兵团开始参加工作的地方。易水寒是指易县，是我当兵四年一直驻守的地方。父亲的这句话是要我不忘初心，站稳立场。而大西洋美利坚是我将要工作的地方，他后半句话是要求我为国尽忠，不辱使命。父亲对我的殷切期望跃然纸上。后来我先后到驻纽约总领事馆、常驻联合国代表团、驻印度大使馆工作，不论我走到哪里，我都用家父告诫我的"不辱使命"四个字鞭策和要求自己。家父还很注意对家里第三代的教育。外孙女王婧感怀地说："我的姥爷，是对我的人生有着深刻意义的人，在我与他相处的 28 年里，他时刻用行动教导我如何做人做事。他一生忠诚、坦荡、好学、无私，这些优秀品质一直深深地感染着我，影响着我。"王婧以姥爷为榜样，努力学习，积极工作，在大学期间就加入了中国共产党，参加工作后连年受到嘉奖，至今已先后四次荣立三等功。

勤奋踏实做事

哈军工建院初期，家父负责组织实施政治理论教育工作。政治理论教育工作的组织结构开始称政治教育部，隶属学院政治部，负责学员和在职干部的政治理论教育工作。1953 年 9 月开学之后，苏联顾问建议把政教部改为社会经济学教授会，编制在教务部，接受政治部、教务部双重领导。苏联政治顾问诺维克到院之后，建议将社会经济学教授会一分为三，即成立马列主义基础教授会、政治经济学教授会和中共党史教授会。

中央党校工作时期的父亲

家父基于对实际工作的总结，认为保证政治理论教育的教学质量，要抓住两个重点，坚持政治导向鲜明与理论联系实际相结合。

一要坚持鲜明的政治导向，教育学员要走又红又专的道路。到哈军工学习的学员都知道毕业后要当军事工程师。这就有一个如何让学员正确对待政治理论课和专业技术课的问题。第一、二期学员是由部队选调来的，一般说来，在政治与技术的关系问题上受到过一些教育，能正确对待。由地方招收的学生，在红与专、政治与技术关系问题上就较为突出了。当时有个顺口溜："上军工，攻尖端，又管吃，又管穿，毕业以后当军官。"这个问题不解决，为谁服务的问题不明确，就培养不出合格的军官。一种历史的责任感使政治教员们有意识地用"强迫"与"自觉"相结合的办法去端正学员学习政治课的态度，使他们自觉地走又红又专的道路。所谓"强迫"，就是反复宣传学院的一条规定：政治课考试不及格不得毕业；所谓"自觉"就是重视《训词》的教育。《训词》的教育，在预科、在入伍教育期间要专门进行。在本科时把《训词》中的 3 个观点纳入教学内容中进行。第一个观点是"保持与发扬中国人民解放军的光荣传统，特别是全心全意为人民服务的精神和自我牺牲的英雄气概，这在你们的学院，是和全军一样，必须充分领会和一刻也不可忘记的"。据此，教育学员必须懂得共性与个性的关系。"天下物无独必有对。"谁想单打一，都是行不通的。第二个观点是"今天我们迫切需要的，就是要有大批能够掌握与驾驭技术的人，并使我们的技术能够得到不断的改善与进步"。据此，教育学员弄懂、弄通"掌握和驾驭"的含义，动机与效果的统一，要真正成为能够掌握和驾驭技术的人才，就必须有白求恩的精神：毫不利己，专门利人，对工作极端的负责任，对同志对人民极端的热忱，对技术精益求精。第三个观点是“向苏联学习，学习苏联的先进科学和技术知识，学习苏联军事工程建设的丰富经验，学习苏联顾问同志的学习态度和工作态度，学习苏联顾问同志高度的爱国主义和国际主义精神”。据此，教育学员在学习过程中要体现出这种精神，贵在养成。

二要坚持理论联系实际，着力解决思想问题。为了使政治课有的放矢，为了使政治课教员更加了解学员的思想情况，学员的党、团支部开会时，任课政治教员都要参加。对学员的思想认识问题，教员在上课时尽量结合教学内容进行解释。对于不好直接结合的问题，就由专科的同志利用各种机会，采取不同方式施行教育。如学院政治部在王字楼门前挂了个和平鸽图形，苏联顾问建议去掉之后，曾引起一些议论，这是涉及军队与战争、和平的关系问题，是需要结合教学内容进行讲评的。而有些问题的确难在课堂上单独提出和讲评，因为教员讲课都是按教学大纲定下的内容与时间进行的。实事求是地说，政治课教育是能够解决一些思想问题的，但政治课不可能成为包治百病的“灵丹妙药”，还是要具体情况具体分析。

踏实做事，坦诚待人是家父一贯的作风。有哈军工的老人在几十年后回忆，对家父当年在讲台讲课、下组辅导、单独谈心时“呕心沥血传真理，挥汗如雨育新人”的情景，记忆犹新。

孜孜不倦做学问

家父给我们的印象是爱学习，目光所及之处，他不是在读书，就是在看报。对于他来说，学习是需要，是动力，是乐趣，更是追求，是享受。

1952年筹建哈军工的工作开始后，家父被派到西南军区做招生工作。一开始就碰到难以回答的问题：哈军工是干什么的？学员为什么要高中以上的文化程度？家父刚从第二高级步兵学校过来，既未见过哈军工的样子，也未听过具体介绍，只能回答说：上面没有具体讲，我也说不清楚。但心里很不是滋味，暗下决心今后要好好学习，多加了解。回到哈军工后，所见所闻更是令他瞠目结舌，许多名词术语过去都没有听说过。随着教育计划的拟订与实施，又是一系列的新问题摆在面前，如写教学大纲、教学日历、课堂讨论题及排课的方式等，一切的一切都要依据《教学过程组织基本条例》办事，对

于他这没有经验的同志来说都得从头学起。特别是搞政治教育的，长期习惯的做法是单科独进，而组织讨论，是漫谈互助、思想见面、互相帮助，一次不能解决的问题来两次，反正有时间保证。现在唯一的出路就是学习学习再学习。家父如饥似渴地开展多方面的学习，不仅包括数理化和一般科学技术知识的学习，还阅读了苏联的凯洛夫教育学、马卡连柯的教育论文。

伏案工作的父亲

1953年，院系领导同志组成学习中心组，学习斯大林的《苏联社会主义经济问题》。家父是学习小组的秘书，接触领导们的机会多了些，这使他既开阔了思路，也学到了知识。由于是向苏联学习，陈赓院长及一系的唐铎同志、二系的赵唯刚同志、四系的徐介藩同志都是到过苏联的，就以他们的亲身经历谈苏联，再对比中国的实际。家父在学习过程中，不只是学，不只是记，更多的是在思考。他联想到陈赓院长针对院里情况讲到的两个问题：一个是“寒窗苦”、另一个是“两万五”，也就是后人常说的“两老办院”。家父起初认为，这是为促使老干部、老教授互相了解和尊重，主动接近交朋友，团结合作，为办好学院而奋斗，后来才逐渐想透，“寒窗苦”“两万五”，本质上讲的都是学问问题，办学校是要由有学问的人来办的。古人说过：“读万卷书，行万里路”。现在学院里有“善学者尽其理，善行者究其难”的情况，理应互相学习，取长补短，团结起来办好学院，这才是问题的真实含义。

学习对于家父而言已经成为一种生活习惯。他离休后制订了读书学习计划，《资本论》《二十四史》等书都摆在他的书架上。家父直到去世前的六小时还躺在病床上看报纸，真正做到了活到老，学到老，改造到老，革命到老，最终实现了自己一生的夙愿！

家父一生的战斗、工作、学习经历都浓缩在他孩子的名字里，让我们永远铭记。老大 1947 年 3 月出生在河北冀县（现河北省衡水市冀州区），当时解放战争烽火连天，出生当天又刮着大风，家父给老大取名风沙。老二 1949 年 10 月出生在已经解放的南京，解放军正以暴风骤雨的雄壮气势鏖战在解放全中国的战场上，当天南京正下着雨，家父给老二取名南雨。我是老三，1953 年 2 月出生在哈尔滨，正值哈军工破冰刨土动工兴建之际，当天松花江上飘着雪，家父给我取名松雪。老四 1954 年 9 月出生在哈尔滨，哈军工已经欣欣向荣地开始了教学，在北方的大地上成果显现，当天下着滋润的秋雨，家父给老四取名北雨。小五 1956 年 5 月出生在哈尔滨，哈军工正当百花盛开、风华正茂之时，当天艳阳高照，春光无限，家父给小五取名明媚。

【我与父辈】

戈松雪，戈果之子，长期从事科技信息服务和科技外交工作。家父对我的成长影响巨大。看到哈尔滨工程大学出版社图书征稿通知后，我们全家祖孙三代一起共同缅怀家父，感慨良多，得以形成此文。我想用父亲百岁诞辰纪念时写的一首诗作为本文的结尾：

父生内乡有大志，亲情割舍奔延安。
百战风卷沙石走，岁移南国雨润天。
诞辉军工松映雪，辰记东北秋雨绵。
纪录光明多娇媚，念想后世慰祖先。

我这辈子没有遗憾
——忆我的父亲韩柱

（作者：韩宝金）

【父辈简介】

韩柱，1926 年 1 月出生于北京市房山县（今房山区）一个贫苦家庭，1946 年参军，1947 年加入中国共产党。参军前，作为民兵参加过伏击日本侵略者的战斗，1952 年下半年随第二高级步兵学校调迁哈尔滨，参与了筹建哈军工的工作，曾任哈军工消防队队长。1971 年随学院主体南迁长沙，负责营房管理及园林绿化等工作，1986 年离休。

【我的父辈】

2018 年 11 月 6 日中午，我与亲爱的父亲握着的手永远地松开了，从此我再也没有机会听父亲讲哈军工的故事了。记得他老人家离世前回顾自己这九十余年的人生岁月，时常跟我们念叨着一句话："我这辈子没有遗憾了。"父亲的神情是欣慰的，语气是满足的。什么样的人度过怎样的人生才会觉得没有遗憾呢？我开始尝试通过回忆的方式走近他的一生。

英勇顽强的好战士

在抗日战争期间，父亲参加了县大队民兵组织的一次伏击战。民兵们事先埋伏在道路两边的山上，在靠近小桥的一段路上埋好地雷并在桥头放了一些大石头。这样，敌人第一辆车到了桥头就必须停车下来搬石头，后面的车也陆续进入了伏击圈。指挥员一声令下："打"，顿时铁雷、石雷、手榴弹轮番炸响，在这狭窄的山沟中，即使有个别敌人没有被炸死，也难逃被击毙的下场。不到一小时战斗就结束了，整整四辆卡车100余名敌人被全部歼灭，只有最后一辆拉货物的车由于掉队没有跟上前面四辆车，当战斗打响的时候发现不妙，掉头就跑，成为唯一的漏网之鱼。还有一个翻译官，当时正站在桥上，一听到"打"后立即跳进河里，后被活捉了。这是父亲第一次真刀真枪地参加战斗，尽管只发给他两颗手榴弹，但是他扔完手榴弹后紧接着又搬起事先准备好的石头砸向敌人。父亲的勇敢表现受到指挥员和老民兵的夸奖，从此更坚定了他参军报国的决心。1946年父亲在河北参军，在时任晋察冀军区司令员聂荣臻领导下的部队当战士，后被安排在党中央所在地西柏坡当警卫员，曾经与聂荣臻司令员的夫人在一个单位工作。聂夫人还经常提醒父亲，要抓紧时间学文化，父亲就是在那个时期学会识字写字的 。1952年，父亲所在的第二高级步兵学校调迁哈尔滨，组建哈军工。父亲作为院务部营房处干部分管消防和绿化等工作，其间还参与了哈军工教学楼、宿舍楼的建设活动，与哈军工的建设发展结下了不解之缘。

父亲1948年摄于西柏坡

正直勤奋的好干部

哈军工的一号楼、五个系大楼、实验室、军需仓库、文庙等都是重点防火单位，作为哈军工消防队队长，父亲深知责任重大。他对全院消防栓的位置、重点防火单位的位置甚至单位内消防设施的位置、房屋的基本建筑结构等都做到了了如指掌。消防队充分做好消防预案，一旦发生火灾，消防车走哪条路、在哪里取水，父亲都十分清楚。他特别注意做好日常消防设施的管理和维护，确保关键时候用得上，有效果。父亲当年为了检查消防隐患，有时还爬烟囱、上房顶，甚至把衣服袖子和膝盖处都磨破了，母亲给他缝补了好多次。消防队员的日常训练也是十分重要的一项工作，当时绳索速降、撑杆上楼、双人联手爬楼、挂钩梯爬楼、水带连接等都是队员们必须学习掌握的基本功。

1958 年哈军工消防队合影

（前排右三为父亲韩柱）

尽管父亲文化水平一般，还是在西柏坡当警卫员时开始学习写字的，但工作用心的父亲把消防心得编成了一首朗朗上口的打油诗。

防火快报

春节来到心喜欢，过好春节靠安全；
说起安全不费难，大家听我来宣传；
仓库防火要当先，它是物资集中点；
及时清理易燃物，起火因素找不见；
烟头火柴不算啥，出了乱子就很大；
躺在床上别吸烟，睡着以后有危险；
小孩玩火最可怕，家长必须管教他；
床铺不要靠火炉，烤着被褥把火发；
消防工具别乱搬，以备灭火保安全；
起火原因有很多，再把电火说一说；
电线经常要检查，随时修理保护它；
露出铜丝再摩擦，容易走电把火发；
电灯线，别系扣，容易起火不好救；
电线着火先拉闸，断绝电流免扩大；
油酒着火盖土沙，棉木着火用水救；
发现着火快报警，〇九电话要记清；
倘对防火不警惕，这是失火的原因，
大家齐心来防火，又爱国来又保身。

令人印象最深的是1969年哈军工马蹄楼着火，由于马蹄楼的内墙都是用木板隔起来的空心墙，极其易燃，造成火势很大。现场指挥部采纳了父亲的建议，迅速组织工人和消防队员拆除一段房顶，再上去两组消防队员，居高临下用水枪压制火势，形成防火带，有效地防止了火势蔓延。在消防队员灭火的同时，很多教职员工自发抢救重要资料，搬出营具减少了损失。经过一个多小时的扑救，大火终于被扑灭。那天中午，我看到父亲浑身湿漉漉地骑着自行车回家，换了衣服，吃了午饭，又马不停蹄地去现场勘查起火原因，参加火灾调查会议。

以下是1963年3月25日父亲的日记片段：“下午3时和副处长及副院长一同对全院春季绿化进行了一次实地观察。通过今天对全院栽树的实地观察，

体会到院首长对院区的美化特别关心，也特别认真细致，他们不辞劳苦一个地区、一个地区地看。首长的工作那样繁重，还抽出半天时间同我们一起跑遍了全院，这对我们下级工作人员来说，是多么大的鼓舞啊！我们没有理由不把工作做好。特别是做具体工作的我，一定要千方百计地把我院的绿化工作做好。”

当时哈军工建院不久，大院内需栽树种花的地方很多。院领导非常重视哈军工大院的绿化美化工作，特别是刘居英院长，亲自带领营房处领导和我父亲走遍大院的每一片需要绿化美化的地方并作出具体的指导。

哈军工大院绿化前后对比

父亲深感责任重大，为了把哈军工大院变得更加让人舒心、漂亮，他经常废寝忘食地工作。

哈军工院内有一片花窖（现在我们叫苗圃），专门用来栽种各种花草树木，为院里的绿化美化提供保障。在父亲带领的几位园林工人的共同努力下，各种花草树木长势喜人。我记得小时候父亲时常带我去那里玩，里面养的那条大黄狗都认识我了。令我印象最深的是在父亲的指导下，我自己学着种玉米。挖个小坑，撒下三粒玉米种子并埋好，每次去花窖我都记着给玉米浇水，看着玉米又长高了，心里美滋滋的，到了玉米成熟后，吃着自己种的玉米更是感到格外香甜。

军工精神脚踏实地的传承者

1970 年，学院主体南迁长沙，更名为长沙工学院。父亲打前站，负责运送营具、安排营房。他把部分干部职工安顿在院里的专家楼的二、三楼，却把我们自己家安顿在阴暗潮湿的一楼。当时，房子周围杂草丛生，甚至还有一片很少有人敢去的小原始森林，不但蚊虫多，还经常有老鼠、蛇、黄鼠狼等野生动物出没。

长沙的夏天闷热难当，这对于刚到长沙的北方人来说是个考验。再加上连电风扇都没有，夜晚很难入睡，父亲就把床搬到室外睡觉。一天早上父亲起床后，吃惊地发现床腿上挂着一条蛇皮，应该是半夜有一条蛇爬到床腿上蜕了皮。如果父亲半夜下床，很可能会被蛇咬伤，这件事情之后大家都不敢在外面睡觉了。

从长沙工学院到国防科技大学，父亲一直负责营房、绿化等后勤保障工作。学院的主干道两旁的树木以及所有花园都留下了父亲忙碌的身影和他辛勤的汗水。父亲对待工作严谨认真，在日常生活中更是坚守本心。

退而不休　关爱家人的老父亲

1986 年，父亲离休以后一直闲不住，先是被返聘做过干部培训班的管理人员，甚至是办公楼值班员，他从不挑剔工作性质，只要能发挥余热，他都愿意干。最令我们敬佩和感动的就是他花了大量心血和时间，穿了几个海螺门帘，送给我们四个儿女每人一个。每一个海螺门帘，要穿数万个小海螺。从捡海螺、去肉、清洗、晾晒，到一个个剪掉海螺头，用铁锥穿透，再根据图案穿上不同颜色的海螺……将十多万个小海螺穿成几个漂亮的门帘，需要重复上述操作数十万次，这得要多大的耐心和毅力呀！而我的老父亲做到了，

而且乐在其中。

父亲在穿海螺门帘（1986 年摄于家阳台）

搬到干休所以后，父亲又是栽树养花，又是参加干休所组织的旅游、游艺会等活动，生活很充实。特别是孙女们出生以后，更是让父亲能够尽享天伦之乐。

父亲给孙女们颁发游艺赛奖金（2011 年摄）

每年春节，一大家子团圆的重头戏就是除夕晚上的家庭迎春游艺晚会。父亲提前数天就开始准备游艺项目和奖金。晚会一般分3个代表队，三个孙女各率领一个代表队。运动员入场后，由父亲高声宣布："家庭迎春游艺晚会现在开始！"大哥拉响礼花棒，随后开始各种游艺项目的比赛，最后按照各队比赛成绩决定名次，由父亲给各代表队的孙女们颁奖。

2016年父亲九十大寿

父亲曾经三次把提级的机会让给了别人，是国防科技大学资历最老的正团级离休干部之一。回顾父亲一生的点点滴滴，可以看到一位一身正气、廉洁奉公、胸怀坦荡、任劳任怨的老共产党员形象。开展工作，是工作的样子；退下来了，就做好父亲的样子，也让我们真正理解了父亲说的"这辈子没有遗憾"这句话的含义。

【我与父辈】

我叫韩宝金，是父亲的第三个儿子，现为长沙市开福区委组织部退休干部。

父亲为人正直、刚正不阿、勤奋工作、乐于助人的优秀品质已经深深地植入我的心里，融入我的工作中。特别是调任中共开福区委老干部局副局长后，面对父辈一样的老干部，我发自内心地热爱这份工作，全身心地投入到工作中。我分管的开福区老干部大学也越办越红火，以校为家是我工作的常态。我的工作也得到了大家的肯定，2022年我被评为湖南省老干部工作先进个人。

把一切献给祖国
——忆我的父亲黎觉亭

（作者：黎华）

【父辈简介】

父亲黎觉亭 1917 年出生于印尼，1937 年底归国抗日，延安抗大毕业后，历任冀南军区第 25 团参谋长、第 10 军第 28 师 82 团团长、第 69 军第 107 师副师长等职。1956 年 8 月任中国人民志愿军第 20 兵团司令部作战处处长，后由陈赓大将拍板将父亲调到哈军工，曾任哈军工首任队列部副部长（主持工作）。1961 年 5 月，调任导弹工程系副主任，离开哈军工后，先后任 713、709 研究所所长兼政委。

【我的父辈】

归国抗战救国志 浴血战场显神威

父亲 1917 年生于印尼的苏拉维西岛。爷爷为了让父亲从小受到良好的中华文化传统教育，培养其爱国情怀，在父亲 6 岁时就将他送回祖国，在广东梅县老家松口镇读书。父亲高中毕业后返回印尼，在爷爷经营的厂里做事。抗战爆发后，身居印尼的父亲心系中华民族的存亡，他积极参加进步组织的活动，经常油印和散发传单，带头捐款，尽力支援抗战。随着日本侵华战争的爆发，父亲等进步青年已不满足于游行、捐款等行动了，他们决心要献出一腔热血，亲自回到祖国，同敌人决一死战，捐躯报国。经过一段时间的准备，1937 年底，父亲同几位热血青年一道，背着家人，私自离开了印尼。父亲经菲律宾到了香港，住进了廖承志负责的中共八路军驻香港办事处。廖承志为父亲等人开了介绍信后，父亲就起身向着向往已久的延安进发。

经过千辛万苦，父亲终于来到了革命圣地延安。在延安，父亲进入抗大学习，从此走上革命道路。通过学习，父亲的政治觉悟、军事素质等各方面都得到很大提高。1939 年 7 月，父亲加入了中国共产党。在抗大毕业后，父亲本可以留在机关工作，但他坚决要求到抗日前线杀敌。经组织分配，父亲加入了 129 师，在陈赓领导的 386 旅任见习作战参谋。1945 年父亲任冀南军区第 25 团参谋长。1945 年 7 月，25 团参加临漳战役，打了一个漂亮仗。1945 年起，父亲在晋冀鲁豫野战军所属二纵队第 6 旅任职，任第 17 团参谋长。父亲参加了许多战役，其中羊山集战斗第 6 旅战功显赫，二纵队给予第 6 旅记大功一次，给予 17 团、18 团各记大功一次。

1950 年 3 月，父亲作为我军代表参加改造国民党起义部队第 72 军 697 团时，遭到反动军官策划的反叛围攻。父亲镇定自若，带领同去的四位战友，发扬我军无所畏惧、不怕牺牲的革命精神，依托建筑的有利地形与数十倍于己的叛军展开激烈战斗，战斗持续了 3 个多小时，抵挡了叛军一次又一次进攻，使叛军的围攻计划始终没有得逞。在我军的驰援下，最终彻底粉碎了叛军的反叛。战争年代父亲被授予二级独立自由勋章、三级解放勋章。

1951 年 3 月，第 29 师第 86 团东渡鸭绿江入朝鲜作战并参加了上甘岭战役。而 86 团的前身就是二纵第 6 旅 17 团。父亲虽然当时有新任命没能参加上甘岭战役，但父亲带过的部队的战斗作风在上甘岭战役中得到充分体现。

父亲于 1955 年任原北京军区第 69 军第 107 师副师长时，还有一段故事。当时部队驻扎在河北省保定市满城县于家庄，爷爷从印尼回国，寻找归国参加革命近 20 年没有音信的儿子。偌大中国，何处去寻？爷爷苦思冥想，终于想出一个办法：他在好几种报纸上刊出寻人启事。父亲在北京的老战友、第 69 军参谋长曹西康从报纸上看到爷爷的寻人启事，就把它剪下来给父亲寄去。父亲看到启事，又惊又喜、热泪盈眶，立即派人把爷爷接到部队。爷爷看着眼前这般英武的英雄儿子，激动得老泪纵横，父子俩紧紧地抱在了一起。近 20 年了，他们彼此间有多么深切的思念，有多少知心的话要说啊！爷爷住下

来后，父亲带爷爷去北京逛了天安门广场，参观了故宫，去看了上幼儿园的两个孙子和上小学的大孙女。爷爷看到一派和平景象的新中国，看到这么有出息的儿子和他幸福的家庭，心中十分高兴，他决定留在国内不走了。1956年8月，父亲接到赴朝鲜换防的命令，他二话没说，告别爷爷，奔赴朝鲜，任中国人民志愿军第20兵团司令部作战处处长，奔赴新的战场。

受命任职哈军工　一腔热血育栋梁

1958年，陈赓大将将父亲从原北京军区调到哈军工。父亲有着天生的军人气质，由于他具有军事才能和军人风度，因此被哈军工任命为首任队列部副部长(主持工作)。为使哈军工学员具有一个军人应有的基本素质，学院规定学员进院后要有四个月的“入伍教育”，其中一项重要内容就是学习中国人民解放军的性质、宗旨、任务、光荣传统和有关条例，并进行队列训练。在主持队列部工作期间，一方面父亲严格按照条例要求对学员进行正规的队列训练，使学员仪容举止具备一个军人形象；另一方面，父亲身先士卒，下连站岗、执勤，亲自示范。他那笔挺威武的身姿和军容令所有学员赞叹。的确，多少年后，许多老哈军工的学员还清楚地记得父亲“站如松，坐如钟”的挺拔英姿。父亲亲手抓的队列训练，确实塑造了那时哈军工学员特有的军人气质，树立了良好的军人形象。

1961年5月，哈军工七系(导弹工程系)改为五系(导弹工程系)，任命李开湘为五系政治委员，任命戴其萼和父亲为五系副主任，父亲即开始履行新职。在任期间，父亲配合开国少将李开湘政委和戴其萼副主任开展教育、行政、生活等工作。据当年501教研室教员谢宪章叔叔对我父亲的回忆，有两件事给师生留下了深刻印象。他在回忆中写道：“当年五系的教员全都住宿在75号楼，楼前有个操场，操场南面是八一小学。教员中，大多数是1953年哈军工成立时参军的老教员或毕业留校生，有一定军事素养，但也有不少来自地方院校刚参军的，不熟悉队列。每天清晨，当我们听到出操号跑步到操场时，老首长早就在那里等候了！在那严寒的冬天，尽管他患有支气管炎，却总是身先士卒从不迟到。他挺胸注目，以一个标准军人的姿态，喊着响亮的口令，严格地按照条例要求带领我们操练。对于那些刚参军或参军不久、动作不熟练、不规范者，他总是耐心、和气地讲解和示范，从不发火、训人，从而赢得了我们这些穿着军装的高级知识分子的敬仰。”第二个回忆是：“那时，正值我国困难时期，经费不足，学员、教员的主、副食定量都减少了，生活受到影响，身体健康状况欠佳，许多学员出现了腿脚浮肿的现象。为了保障我们的身体健康，完成教学任务，老首长十分焦虑，经常下到食堂，关心和体察实况，积极向系党委和院领导反映情况，提出建议。在领导的关怀和努力下，我们的伙食有了明显改善。正是由于老首长如此爱护、关心群众，以身作则，宽以待人，既严格要求，又平易近人，因而博得了哈军工五系教员和学员的一致好评与敬仰。”

哈军工导弹工程系承担了自行研制我国自己的导弹的神圣任务。系里认真解剖、分析了从苏联购买的P-2型地对地弹道导弹，开展了相关理论研究、教学和试验工作，积累了丰富的资料和素材，培养了人才，为我国以后的一系列导弹研制奠定了坚实基础。哈军工导弹工程系是我国导弹研制、发展的摇篮。父亲在其间做了大量有效的管理工作。

父亲与长子、长女在哈军工

在哈军工时，我正上小学。父亲教导我们要听党的话，要好好学习，努力向上，并经常和我们讲“少壮不努力，老大徒伤悲”，只有学好本领才能为祖国效力的道理。父亲还教育我们要热爱劳动，他带着我们在住宅楼后的空地上开出一小片地，教我们种一些蔬菜，偶尔还会带着我们挖野菜补充副食的不足，所以从小我们就认识灰灰菜、马齿苋等野菜。父亲还是一个心地善良的人。记得有一次全家到哈尔滨兆麟公园游玩儿，中午时分我们正准备吃饭，父亲忽然看到不远处一老一小正眼巴巴地望着我们，父亲马上让我们把一些罐头、饼干和水果给他们送去。这件事在我们幼小的心灵中永远地种下了和善的种子。父亲身体力行让我们学会了怎样做人，怎样待人。父亲还给我们买来陶铸的《松树的风格》等书籍让我们认真阅读，学习高尚的品格，培养良好的道德情操。父亲是严格的，在我们做错事时他会严厉地斥责我们；父亲又是慈爱的，他常挤出时间带我们去看电影，去太阳岛游玩儿，在松花江上划船……他是一位优秀的军人，更是一位优秀的父亲。

投身国防沥心血 两袖清风贯一生

1963 年元月，时任国防部第七研究院院长的刘华清根据海军现代化建设发展的需要，与哈军工协商，将父亲调到国防部第七研究院。1963 年 3 月 15 日，周恩来同志任命父亲为国防部第七研究院舰炮导弹发射装置研究所（第 713 研究所）所长。

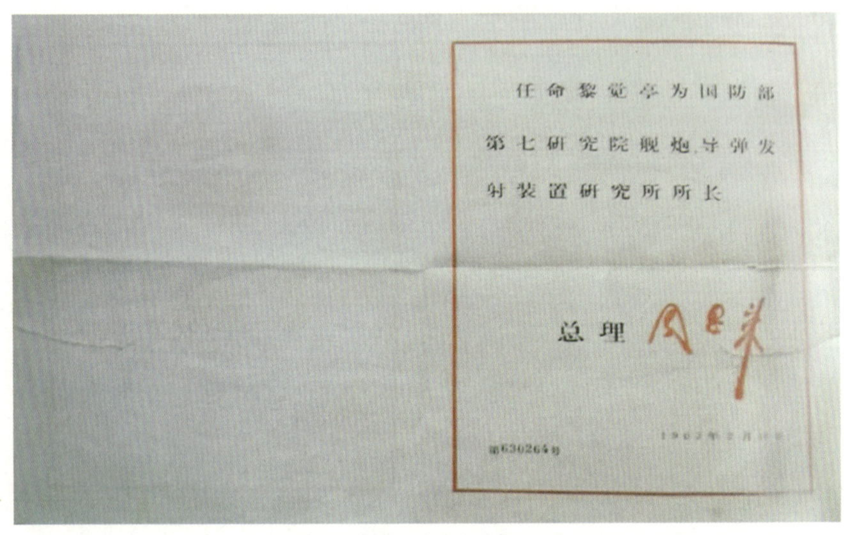
任命黎觉亭为国防部第七研究院舰炮导弹发射装置研究所所长

总理 周恩来

第630264号

父亲的任命书

建所初期，生活、工作条件都很差，仪器设备缺乏，试验条件艰苦。为了早日研制出海军需要的现代化武器装备，父亲废寝忘食、呕心沥血，与班子成员认真思考、科学规划、合理部署、精心组织各项工作，带领干部和科技人员不怕困难、艰苦奋斗、团结合作、努力进取。父亲经常和大家一起参加改造试验室、建工厂、盖炮房、筑靶场等工程的劳动；父亲还经常到各研究室、工厂和试验现场了解工作开展情况，并现场办公，及时帮助解决存在的问题和困难。除此之外，父亲还经常深入车间、车床边询问关键件加工情况，确保产品质量。

研究所前期重点开展的是拟装备海军舰艇的海炮——仿苏双37炮和双57炮的深化设计和研制，即76式双37舰炮及37-76式杀伤爆破曳光弹、76式双57舰炮及其随动系统研制。1964年7月23日，父亲以国防部第七研究院院党委委员和713研究所所长兼政委的身份参加了国防部第七研究院在北京召开的首届代表大会。在会上父亲受到国家领导人的亲切接见，并合影留念。

在713研究所，父亲曾组织领导过一项具有重大历史意义的科研项目。1965年3月19日，父亲在向院领导汇报工作时，院领导指示："我们要发展导弹核潜艇。你们要立即开展潜艇上的导弹发射装置研究，争取用五六年时间搞出成果。"根据院领导指示，父亲立即组织力量进行潜用弹道式导弹水下发射技术的方案论证。1965年9月，09核潜艇导弹水下发射装置的1∶25缩比模型试验正式实施。"发射场"就在713研究所花棚内的空地上，模拟水箱用的是一个汽油桶，发射动力由空气压缩机提供。1∶25的模型弹是用木头做的，采用弹底栓细线并以秒表计时等来进行弹的速度测量。试验时，父亲亲自到现场鼓励、指导，最终试验取得圆满成功。这个试验的成功为开展与完成我国第一代09核潜艇导弹水下发射装置研制任务打下了良好基础。

1971年，父亲被任命为709研究所所长，后兼任政委至1978年底。父亲为我国海军舰载指控系统从无到有、从初级到高级的发展做出了重要贡献。父亲一生廉洁奉公、作风正派，他从不滥用私权，也严禁我们公私不分。有一次，当我把研究所的摄像机拿来想为他拍摄一些生活镜头时，父亲顿时恼怒起来，认为是动用了公家东西。父亲的一生始终坚持一身正气、两袖清风。

父亲（前排左二）在试验现场检查工作

一生戎马多奔波　唯愿家国长安宁

父亲十分热爱生活。他写得一手好字，喜爱读书，对新事物有着浓厚兴趣。他善于掌握事物的规律，他养的花、种的果树都长得十分茂盛；他关心党和国家大事，坚持每天收听《新闻联播》；他爱听音乐，话不多，却有着丰富的内心世界。母亲生病住院时，谁也没有想到一向性格刚烈的八旬父亲，会心思细腻地买盆兰花给母亲送去。父亲坚强而乐观，他有病从不声张，总是自己挺着，常常是我们发现了才将他送到医院；父亲病重时也不悲观，而是坚强地与病魔抗争，表现出一位军人的坚强意志。最令我们感动的是，在他病重卧床不起不能说话时，有一次示意我们给他支笔写字，我们以为他要吃什么，拿过来看，竟是“污蔑中国，岂有此理”几个苍劲大字。我们的心被深深震撼了，这是父亲从新闻中听到了外国有损中国的言论而发出的愤慨，父亲对祖国这份深沉的爱，是他留给我们的一份无价的精神财富。

父亲热爱祖国，热爱党，热爱每一位与他一起保卫祖国的战友。父亲对祖国和党的事业无限忠诚，他一生都坚决听党的话，服从组织安排。对昔日战争中的频繁调动父亲毫无怨言，新中国成立后他也是任党调遣，先是参加解放大西南的战役，后又参加抗美援朝，再到哈军工为培养国防科技人才尽心尽力，最后又根据国防建设的需要，从哈军工调到了国防部第七研究院，担任 713 研究所所长兼政委、709 研究所所长兼政委。父亲就是这样，党指向哪里，他就冲向哪里，从不讲任何条件。几十年来，父亲为了中华民族的复兴，为了祖国的强大，为了培养我军高层次国防人才，为国防现代化建设艰苦奋斗、忘我工作、呕心沥血、鞠躬尽瘁。

父亲虽然去世了，但他的音容笑貌、伟岸的身躯、崇高的品质、光辉的风范、坚强的信念和执着的追求，却永远地刻在我们的脑海中。父亲把毕生精力献给了祖国，献给了党和人民的事业，他的精神永世长存。我们也为有这样一位好父亲感到骄傲和自豪，父亲永远活在我们心中。

【我与父辈】

黎华，黎觉亭长子，1952 年出生，在哈军工八一小学上到三年级后随父到郑州继续上完小学、初中，在郑州郊区花园口公社插队下乡。1971 年当兵，1976 年复员到武汉中船重工 719 研究所工作，1979 年调到中船重工 709 研究所工作，1985 年参加我国首次水下导弹发射试验获集体三等功一次，后任人事处干事，党委秘书，宣传处长、党委副书记、书记。在职期间，多次被集团和湖北省国防科工办评为优秀党政干部。任第九届和第十届湖北省政协委员，连续两届被评为优秀政协委员，于 2012 年退休。

九岁小八路的军旅生涯
——忆我的父亲尚维

（作者：尚毅）

【父辈简介】

尚维，1928 年 12 月出生，1938 年 7 月参加革命，曾任八路军 129 师 385 旅旅部公务员、旅青年队战士，抗大六分校及总校学员，毕业后任八路军前方总部供给部副班长等职务。1943 年起负责前方总部、太行军区、晋冀鲁豫军区、中原野战军供给部、二野军大、西南军大、第二高级步兵学校、哈军工等高级别首长的警卫工作。曾担任哈军工导弹工程系保卫办负责人、系教研室政治协理员、系政治处负责人、系政治处主任、系常委等职务。哈军工主体南迁长沙后任系副主任、系主任等职务，后在部队服役期间病故。

【我的父辈】

九龄参军战疆场　山河动荡勇担当

家父尚维于 1928 年底出生在山西平定县潘家峪这个偏僻小山村的一间窑洞里。七七事变后，日本侵略军占领了平定县，他们烧、杀、抢、掠，坏事做尽，犯下了数不清的恶行，无数百姓生活在水深火热之中。1938 年 7 月，共产党八路军领导的平定游击队来到了村上，当时年仅 9 岁的父亲参加了游击队，走上了革命道路。1939 年，游击队编入八路军主力部队，父亲在八路军129师385旅旅部机关任通信员、公务员，后又调到385旅直属青年队成了一名学员战士，参加了举世闻名的百团大战。由于作战英勇，父亲于1940年12月经组织批准到抗大六分校学习，成了一期青年队学员。1941年底，抗大六分校一期学员提前毕业，由于青年队是一批小学员，所以就转到抗大总校七期继续学习了几个月。1942年4月父亲正式毕业，被分配到八路军前方总部兼129师供给部下属单位，先后任副班长、班长、代理排长，并参加了根据地对日军的反扫荡战斗。父亲常常自豪地对我说：自己当时虽然年纪小，但由于努力工作，在战斗中表现突出，便上调到了八路军机关部门担任组织上最信任的警卫首长的重任工作。

1943年夏，时任代理排长的父亲调动到供给部机关担任首长警卫员一职，后来一直在129师供给部、太行军区供给部、晋冀鲁豫军区供给部担任首长警卫工作。千里挺进大别山的时候，父亲负责司令部机关首长警卫工作，在大别山上的那段烽火岁月里，充满了战火、疲惫、饥饿，但他凭着坚定的信念通过了恶劣环境下的考验和精神意志的磨炼。后来，父亲又跟随“二野”大军参加了淮海战役、渡江战役。1949年4月23日南京解放，同年5月，二野军大在南京成立。刘伯承任二野军大校长兼政委，徐立行任教育长，刘华清任政治部副主任，张友亮任供给部部长。父亲调任二野军大政治部任警卫干事，负责首长来校视察和校首长的警卫工作，同时指导校首长警卫班的警卫工作。

1950年1月，父亲(二排左四，腰挎手枪)与二野军大政治部警卫班战士合影

1950年1月，父亲跟随二野军大首长最后一批离开南京向大西南挺进。二野军大到重庆后与西北军政大学的大部分合并，改称西南军区军事政治大学，简称"西南军大"，时任西南军区司令员贺龙任西南军大校长；政委邓小平任西南军大政委；西南军区副司令员陈赓、周士第、李达任副校长；徐立行任教育长；刘华清任政治部主任。父亲当时任西南军大保卫部干事，负责首长在校的保卫工作。当时徐立行、刘华清首长在歌乐山林园公馆办公，父亲则住在林园公馆旁边的二层楼里负责学校首长的警卫工作。这个时期的保卫工作责任十分重大，因为在重庆刚解放的时候，由二野三兵团司令员陈锡联任重庆市市长，曾遭到国民党特务两次打黑枪，所以军区首长来校时，父亲都是形影不离，时刻高度戒备。为了安全及保密，首长每次回军区，都是父亲根据首长的出行，临时指派干部、战士和司机参加护送任务。大多数都是安排政治部保卫干事张秦扬(后为哈军工保卫干事)带领警卫战士乘美式吉普车在前面开路，父亲坐在由牟吉修师傅(后为哈军工、国防科大司机师傅)驾驶的美式吉普车副驾驶位置，带领校警卫班战士全副武装跟随在首长车后，一直护送到西南军区。

1951年初西南军大改称第二高级步兵学校时，由原西南军大副校长李达任校长兼政委，余秋里任副政委，徐立行任教育长，刘华清任政治部主任。不久由余秋里任校长兼政委，徐立行任副校长，父亲担任警卫干事负责李达、余秋里等校领导的警卫工作。

父亲在南京二野大学校内留影

军工任职担重任　恪尽职守铸丹心

1952 年 9 月，父亲(负责徐立行副校长安全保卫工作)随第二高级步兵学校徐立行副校长带领的 200 多人作为先遣队到哈尔滨参与筹建哈军工的工作。1952 年底陈赓院长到哈军工后，父亲全面负责院长驻地的警卫工作并指导警卫班战士警卫工作。彭德怀司令员来院检查工作住“小平房”的时候，他负责全面检查和布置相关警卫工作，重点包括强调警卫纪律以及明哨、暗哨的布置与协调配合。陈赓院长后来搬到校外住在南岗区吉林街 130 号，按照学院保卫部的工作安排，父亲继续负责陈赓院长驻地的保卫工作。院长住处小楼对面的楼里安排一个班的警卫战士，这个班的战士隶属学院警卫营，业务上全部听从父亲的直接指示和安排。

平时休息的时候，陈赓院长经常穿着旧棉布军装去散步，不让保卫人员跟随，有时候从家门口往下坡路方向散步，一走就走到道外去了。而当时道外常驻人员非常复杂，跟近了怕打扰首长，不跟又不行，父亲为此事焦急万分，马上向领导汇报，并和王业怀、王爱义叔叔商量讨论，最后决定：平时保持视线内跟随，一旦有可疑情况，迅速到首长身边，做好警卫工作。

1955 年 5 月初，我军从苏军手中接收旅顺港时，中央军委电令哈军工派人赶赴旅顺协同原沈阳军区开展接收工作。于是陈赓院长派副院长刘居英和首席顾问奥列霍夫中将率领哈军工代表团赴旅顺考察接收任务，父亲全程负责代表团的保卫工作。从大连赶赴旅顺港，路程远、车况差，据当时任首席顾问翻译的锻纲叔叔回忆，看见我父亲带领警卫员们研究制订应急预案，对各项工作都进行了极为细致的分工。返回途中发生了车辆故障，由于事先做了充分的应急预案，问题得以迅速解决，顺利完成了保卫任务。

父亲还先后圆满完成了陈赓院长陪同时任越南副总理兼国防部长武元甲大将参观哈军工，中午在马迭尔宾馆宴请时的保卫工作；钱学森博士第一次来哈军工视察，陈赓院长晚上在大和旅馆宴请时的保卫工作；时任国防部副部长李达代表国防部部长彭德怀参加哈军工首席顾问奥列霍夫追悼会后，受陈赓院长指示，学院安排由父亲、王爱义叔叔和汪业怀叔叔乘专机护送其回北京；还有周恩来、朱德、粟裕、黄克诚等首长，科学家华罗庚等视察哈军

工时的保卫工作。哈军工首任保卫部部长陈信伯伯是这样评价父亲的：“尚维同志是我院保卫干部，曾负责陈赓院长的保卫安全工作，对党忠诚、对领导尊敬、对同志热情，在日常安全工作中周到顺利，如发现问题能及时报告，组织共同查明，加以解决，是个年轻有为的好干部。”

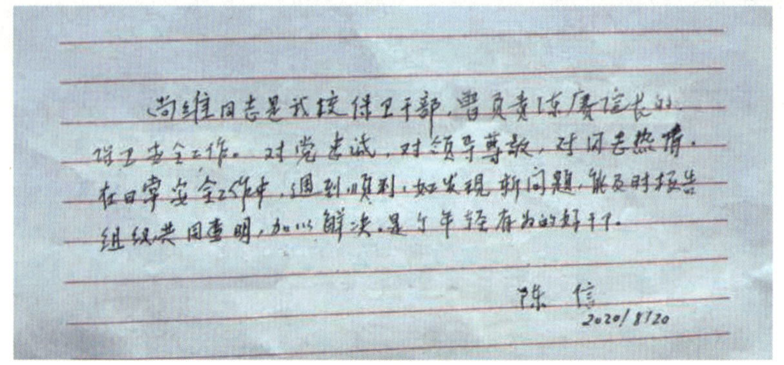

尚维同志是我校保卫干部，曾负责陈赓院长的保卫安全工作。对党忠诚，对领导尊敬，对同志热情，在日常安全工作中，周到顺利，如发现新问题，能及时报告，组织共同查明，加以解决。是个年轻有为的好干部。

陈信
2020/8/20

哈军工首任保卫部陈信部长评价父亲工作评语

我的母亲胡玉梅于1949年4月参加革命，1950年10月抗美援朝期间参加人民解放军。在赴东北的火车上，部队通知他们这些高中生到哈尔滨医科大学(哈医大)学习，军队要培养一批临床医生，因此母亲成了哈医大二期现役军人学员。母亲于1953年加入了中国共产党，后经介绍人介绍，组织批准与父亲结婚。1955年5月哈军工保卫部在八一楼会议室里，保卫部领导陈信、陈怡为父亲和母亲举办了婚礼，学院刘有光副政委亲自参加婚礼并祝贺道：“你是军工最年轻的三八式干部、红小鬼，大喜事我们都要参加。”

任职学习两不误　为“两弹专业”保驾护航

1953年初，哈军工建设工作紧锣密鼓，陈赓院长做出“要提高干部的科学和文化水平”的指示，在全院的在职干部，特别是工农干部中掀起了学文化、学科技、提高业务水平的学习高潮。父亲作为陈赓院长身边的工作人员，积极按照陈赓院长“要改变‘老粗’光荣的意识”的指示，率先加入了这场学习活动，当年5月通过了学院组织的初中一年级考试，后向初中二、三年级及高中课程努力。由于父亲的工作性质特殊，因此有时候他不能按时参加文化课补习班，就请二期学员黄显仁老师给他开“小灶”补课。在黄教员的帮助和自己的刻苦努力下，父亲经过三年坚持不懈的文化学习，终于在 1956 年 12 月获得了哈军工政治部颁发的中学代数、语文双门修业证书，完成了学院提倡的学习目标，成了哈军工的“毕业生”。这段学习经历为父亲以后学习科技知识，抓教学工作打下了坚实基础。

父亲的两份毕业证书封面

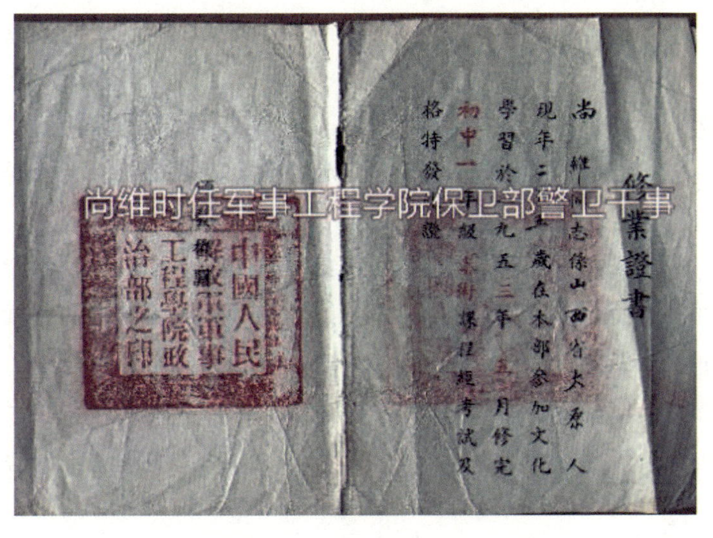

父亲在初中一年级的算数课程毕业证书

大工至善　大学至真

1958 年 10 月 30 日，中央军委批复哈军工导弹专科改建为导弹工程系，该系设置以导弹、核原子武器等学科为主的 7 个专业教研室，编制序列为哈军工第七系，代号为中国人民解放军 9042 部队七支队。1959 年 1 月父亲从学院保卫部调到新成立的有着军事高科技之冠的导弹工程系工作，担任系政治处保卫办公室负责人，主要负责全系“两弹”(即导弹、原子弹)武器专业、系领导、教授及人员等的“三保”工作，即保卫、保密、保安。父亲还负责了深夜将苏 P-2 地对地导弹、苏制 543 岸舰导弹、苏 1060 潜地导弹秘密押运到学院等工作。有时在办公室的党小组会上，大家常常让父亲讲反扫荡战斗、千里挺进大别山及保卫首长的一些故事。1962 年夏，父亲结束了负责我党我军多位高级首长和“两弹”专业建设 20 年的保卫工作，几十余年的兢兢业业，让他成为党最信任、最放心、最忠诚的警卫战士。

投入基层政治工作　坚持“两老办学”方针

1962 年夏，父亲被任命为导弹工程系 501 教研室政治协理员，主要负责全室的党建、政治思想、后勤保障及干部管理工作。父亲按照党章和系党委的要求召开教研室全体党员大会，选出了支部委员会，经报系党委批准：父亲任教研室书记。支部成立四个党小组。教研室党支部积极健全党的基层组织，全体党员干部坚持党支部领导，认真贯彻院、系党委要在教学、教材中增加最新科技成果、加强教师队伍建设及提高教师的整体素质的指示精神，为教员们编写教材、备课、讲课、研究、科研等做了大量服务工作。

父亲还经常主动关心教研室职工生活。哈军工三期学员王兴业毕业分配到 701 教研室任助教。结婚后，他住在系干部宿舍 75 号楼中间楼梯口 4 楼的一间厨房里。设计是厨房，实际情况是每家的厨房都在走廊里，腾出原来厨房的地方解决干部住房。1960 年哈军工向全军招募优秀人才，旅大海军基地的李树森实验员被选派到哈军工，分到 701 教研室(后为 501 教研室)负责制作实验模型。李树森同志结婚后，因无住房夫妻二人一直分居生活。父亲注意到系里干部住房十分紧张，为了保证教研室的科研和试验工作顺利进行，主动跑前跑后解决他们在住房上的困难。经过父亲的努力，终于为两位老师协调到了住房，解决了他们的后顾之忧。教研室文小平教员从国防部第五研究院进修结束后回到教研室，父亲让他对这次学习的成果认真总结并运用到教学中去。最后总结发言在学院《工学》报上发表。

教研室党支部十分关心全室同志的家庭生活和身体健康，每年党支部都会认真研究全室特困同志情况并予以帮助。党支部的人文关怀和对职工生活的全面保障，使大家能一心一意扑在教学科研工作上，完成组织交给的各项工作。导弹工程系召开第二次党代会时，父亲被选举为中共导弹工程系党委委员。1962—1965 年，501 教研室先后四批学员分别被分配到国防部第五研究院、东风导弹等各试验基地，成功完成了导弹专业人才的培养和输送任务。

1965 年 5 月，父亲调任系政治处，先后任负责人及主任、系常委等职务。

南迁长沙续使命　再担重任铸辉煌

1970 年哈军工主体迁往长沙，改名长沙工学院。同年 8 月，父亲按照学院要求带领 501 教研室殷洪义教员及训练队同志组成押运导弹任务小组。装载着苏军 P-2 导弹实弹、1059 地对地导弹、苏军 P-1 教学导弹和 543 地对空导弹、554 等小型导弹、响尾蛇导弹和导弹工程系的绝密、机密技术资料的第一“特列”从哈尔滨滨江火车站出发，这是一项神秘而光荣的任务。在父亲和军代表周密的精心安排下，由一个班的警卫战士随车武装同行押运。车厢内条件艰苦，父亲始终和警卫战士们在车厢内同吃同住。经过几天几夜的疲乏和闷热，他们终于安全、顺利地抵达目的地——长沙车站，圆满完成导弹“特列”押运任务。1970 年冬，系里接受了军委工程兵下达的“火箭布雷”任务，父亲组建了科研团队并与工程兵科技处领导一块洽谈项目技术要求，并陪同他们到韶山参观。1973 年 9 月，叶剑英等军委领导观看了火箭布雷项目的表演汇报，给予了充分肯定。1974 年底，父亲作为学校唯一一名代表，参加了国务院国防工办和军委工程兵组织的火箭布雷鉴定会。

1972 年 5 月，院、部领导参加了教学科研工作会议，分管教学科研的一系副主任（排名第一）的父亲在此次科研工作会议上提出，应该根据当前国内外高新技术材料科学与工程的发展势态，以及我国东风导弹、长征火箭对航天材料的应用要求建立新专业，此建议得到院领导戈果的认可。就这样，国防科技大学复合材料专业的前身——非金属材料工艺专业在上至七机部下到

研究室广大教员干部的共同努力下正式开始筹建。1973 年 10 月，七机部领导提出在长沙工学院创办战略武器金属材料、精密机械工艺和特种材料工艺等几个专业。1974 年七机部就下发了文件，要求长沙工学院尽快成立材料工艺系。同年年底，学院批准父亲担任筹备组组长。1975 年 8 月 25 日，根据七机部的指示精神，飞行器材料工艺系（对外称五系）正式成立，父亲任系党委书记、系主任。在创建五系的过程中，父亲在众多教授和七机部技术局老红军张汉英局长的支持下，全身心地投入到创建、开拓新系的工作中。副主任胡振渭教授和父亲经常是白天在系里忙，晚上或者节假日互相到对方家里讨论工作。他们的工作热情高涨，他们之间的配合更是默契。在他们的领导下，五系创建了三个教研室、四个专业，第二年就实现了招生。他们的雷厉风行、认真负责充分体现出陈赓院长“两老办学”的思想。

【我与父辈】

尚毅，尚维长子，曾在原总参谋部某研究所、国防科技大学服役，后到政府部门工作，现已退休多年。父亲从九岁参加革命，一生中不论工作岗位如何变换，他都始终以忠于职守、严守机密、勇于担当、鞠躬尽瘁的精神出色地完成了党交给他的各项任务。点点滴滴的军旅生涯、军工故事是他留给后辈的红色传家宝。

拳拳之心强军报国　殷殷之情魂系军工
——忆我的父亲李懋之

（作者：李辉）

【父辈简介】

李懋之，1907 年 12 月生，1938 年 2 月参加山西青年抗敌决死队，1942 年 8 月加入中国共产党。曾任八路军决死一纵队 25 团参谋长，抗日军政大学太岳分校参谋长，晋冀鲁豫野战军第四纵队参谋处长，豫陕鄂军区、豫西军区参谋长，河南军区副参谋长，中国人民志愿军第三兵团副参谋长，哈军工副教育长兼物质保障部部长、教育长、副院长，第二炮兵副司令员等职。1961 年晋升少将军衔，荣获二级独立自由勋章、一级解放勋章。

【我的父辈】

1952 年 6 月，中共中央决定调中国人民志愿军代司令员兼第三兵团司令员兼政治委员陈赓创建哈军工。23 日，毛泽东、周恩来、朱德找陈赓谈话，告诉他中央的决定。陈赓受命后找的第一个帮手就是我的父亲李懋之。父亲当时任中国人民志愿军第三兵团副参谋长，由于有伤回国治疗。25 日，陈赓院长把我父亲叫到家中，要他参与创办哈军工的工作。从此，父亲投身中国高等军事技术教育事业中，做出了自己应有的贡献。

从抗日烽火中走来

听父亲讲，他和陈赓院长是在百团大战中认识的。1940 年 8 月，时任太岳军区司令员的陈赓率第 386 旅 16 团、772 团和决死第 1 纵队 25 团、38 团参加百团大战，父亲当时任第 25 团参谋长。1940 年 8 月 22 日上午，日军一个加强小队隐蔽绕到寿阳县大落坡村，偷袭 25 团指挥部。当时团指挥部首长就父亲一人，守卫部队也只有一个八连。在十分紧急的情况下，父亲沉着冷静，周密组织，一方面把勤杂人员组织起来参加战斗，另一方面组织群众转移并亲自到八连阵地指挥阻击日军。面对日军的疯狂进攻，八连全体官兵不怕牺牲，敢于与日军拼刺刀，用鲜血和生命保护了指挥部和群众，全歼了日军，彰显了人民军队不畏强敌、敢打必胜的英雄气概。这场战斗胜利来之不易，受到八路军和 129 师首长的表扬，父亲也是在此时与陈赓结识。战后八路军总部授予八连为“白刃格斗英雄连”。80 多年过去了，“白刃格斗英雄连”已成为人民解放军的一面旗帜，该战旗在国家重大纪念活动和阅兵中都作为英雄方队的领旗。

1942 年 10 月，日军占领了太岳根据地太岳军区所在地山西沁源县城，并派重兵驻守，妄图在沁源建立“山岳剿共实验区”。太岳区党委和军区决定成立围困沁源指挥部。12 月，陈赓把我父亲从 25 团调到沁源指挥部任总指挥。父亲到任后，与指挥部的同志一起组织 13 个游击集团，正规军、游击队、民兵、自卫队相互配合，运用地雷战、麻雀战、突袭战日夜袭扰日军据点，破坏交通线，截断日军补给，打击日军换防。在两年多的围困中，对日作战 2 700 余次，歼灭日伪军 4 200 余人，最后把日军围困在县城的碉堡里，使日军无法动弹和生存，不得不弃城逃窜。陈赓去延安参加党的七大前，专门听取了父亲的汇报。到延安后他向党中央汇报了围困沁源的情况，受到党中央、毛泽东同志的充分肯定。1944 年，党中央机关报《解放日报》发表社论《向沁源军民致敬》，文章中写道：“模范的沁源、坚强不屈的沁源，是太岳抗日民主根据地的一面旗帜，是敌后抗战中的模范典型之一。”

抗战胜利后，陈赓任晋冀鲁豫解放军第 4 纵队司令员，他把父亲调到第 4 纵队任参谋处长，参与指挥了吕梁、汾孝、晋南反攻等战役。1947 年 8 月，

"陈谢集团"八万余人强渡黄河，挺进豫西。同年 11 月，党中央批准成立豫陕鄂军区，父亲任豫陕鄂军区参谋长，负责军区的剿匪工作，巩固新的解放区。1951 年 3 月，党中央决定陈赓为中国人民志愿军第三兵团司令员兼政治委员，率第 12、15、60 军赴朝鲜作战。那时父亲工作的河南军区，隶属中南军区，已不在西南军区和陈赓司令员的管辖范围内。陈赓司令员专门向中央军委打报告，把父亲跨区调到志愿军第三兵团任副参谋长。3 月 17 日，父亲进入朝鲜为第三兵团打前站，建立兵团指挥机构，随后参加了第五次战役和粉碎美军夏秋攻势的战斗。在战争的狼烟烽火中，父亲得到了陈赓院长的高度认可和信任，他们之间也结下了深厚的战斗情谊。

迎难而上　协助陈赓创建哈军工

从枪鸣弹响的战场，父亲一路跟随陈赓院长，又转战到筹建我国第一所高等军事技术院校这个没有硝烟的战场。

父亲从报到的第一天开始，就协助陈赓院长去中央军委各总部、各军兵种、政务院各部委请示、汇报成立哈军工的各种事项。1952 年 9 月 1 日，哈军工筹备委员会在北京成立，陈赓任主任，父亲和徐立行、张述祖为副主任。万事开头难，一无图纸、二无校舍、三无器材、四无教职员工，陈赓院长提出"边建、边教、边学"的方针，带领筹委会的人员迎难而上，在世界没有先例的情况下，开始了创建世界一流、中国最高水平军事工程技术大学的勇敢探索。

1952 年 9 月 5 日，父亲参加了由周恩来同志召集的关于筹建哈军工的会议，深感责任重大、使命光荣，决心以战斗的姿态完成各项任务。这期间，父亲受陈赓院长委托，带队到南京军事学院考察取经，向军委苏联总顾问汇报建院筹备情况，请教建院事项。10 月初，父亲带着建筑专家高步昆等去哈尔滨实地勘察，确定除了全面接收哈尔滨医科大学外，把院区范围充分扩展，东至橡胶厂、文庙街尽头，西至极乐寺，北至太平桥区边界，南至马家沟南岸，其中包括一个传染病医院、一个麻风病医院，还有一片墓地，共占地 3 500 余亩，超过了当时北京大学的 2 600 亩和清华大学的 3 100 亩。陈赓对校址划定的范围非常满意，立即报告中央军委及有关方面批示同意。

12 月 1 日，父亲带领筹备委员会部分人员先期到达哈尔滨。12 月 5 日，陈赓院长宣布学院组织序列和干部任命，父亲被任命为副教育长兼物质保障部、技术器材部、行政队列部部长。陈赓认为建校舍是头等大事，是建院的基础，他把这副重担交给了我父亲。18 日成立建筑委员会（以下简称建委会），父亲担任主任。那时他刚从朝鲜战场回来不久，战场上的情形历历在目，他有一种使命感：为了打赢未来战争，必须尽快建好哈军工。新中国刚成立 3 年多，百废待兴，抗美援朝战争还在打，国家经费十分紧张。按照计划，学院要在 3 年内建成 60 万平方米的校舍，谈何容易。父亲经常往返于哈尔滨和北京。每次去中央军委及有关方面请示汇报前，他都像打仗一样事先做好预案，碰了钉子也不气馁。

在哈军工建筑设计上，父亲按照陈赓院长的意见，全院进行整体规划设计，防止边设计边施工，造成返工和浪费。建筑要坚固、适用、美观、大方，各建筑造型要完美统一，能展现中国最高军事技术院校的规模和气魄。父亲及时与原松江省政府和国家建工部取得联系，得到他们的大力支持，最后确定由学院建委会的建筑专家高步昆、殷之书和哈尔滨市建筑设计院、东北设计院、建工部设计院共同完成学院的建筑设计任务。建委会还请哈尔滨园林局帮助做了全院的绿化设计，在院内保留了文庙、极乐寺等古建筑及苏军烈士陵园。为了征求大家意见，建委会把学院整体建筑设计做成一个大沙盘，将全院各种建筑、道路、绿化做成模型，将其立体地展示出来。这个沙盘后来被送到北京，军委各总部、政务院有关领导看了都赞扬不已。

哈尔滨地处北方，冰冻期长，施工难度大。为了保证质量，除了找好施工队伍外，建委会还组织了施工检查队，检查员和建筑工人并肩战斗在工地上，采用流水作业，实行岗位责任制，各自负责应管的项目。现场开工后，父亲没日没夜地到工地考察，工程量大、时限紧、要求高、矛盾多，带来的问题也多，发现问题不能拖，父亲和建委会的同志严把质量关，一经发现施工中质量、进度和材料供应问题，就立即予以解决。当时施工队伍有 5 000 多人，人员素质差别大，建委会还要做思想政治工作调动工人的积极性，不仅要和省市领导、施工单位协调，还要和施工队与工人沟通，工作要细致到人，既要加强监督和管理，还要帮助他们解决实际困难，那时父亲和建委会的同志为了早日完工夜以继日地忙碌着。

在各方共同努力下，到 1955 年底哈军工五座教学大楼全部竣工，同时建成兵器陈列室、大型实验室和实物教室共 399 间，教授会用房 75 间，学院教学与科研配套用房基本建成。教师宿舍、食堂、体育馆、俱乐部、器材仓库、幼儿园、小学校和训练团、车队等建筑也先后建成。到 1956 年底，哈军工新建各种建筑 67 万平方米。自此，一个现代化的宏大建筑群展现在世人面前，成为哈尔滨市的新地标。1957 年，哈军工最后一个建筑项目——四海实习工厂竣工，工厂配置各种机床 170 多台及各种先进机械和电子设备，是当时全军最先进的工厂，能完成各种仪器仪表和飞机、舰艇、坦克、火炮等军事装备的维护修理和部分制造。当时建委会秘书组的林洪枢后来写诗《赞李懋之主任并建委会战友》：

风华正茂汇江滨，曾是当年建院人。
帷幄运筹君尽瘁，蓝图设计各精心。
丰碑座座天为衬，彩带条条柳伴荫。
常道政声人去后，千秋功过任公论。

除建校舍外，父亲还负责技术器材、行政队列、物资保障等工作。他紧紧依靠广大教职员工，克服诸多困难，积极购买和调运各种武器装备、器材和教具，狠抓三大条令的贯彻实施和纪律作风建设，完善校内外生活保障措施，较好地保证了全院教学、科研的顺利开展和教职员工、学员的日常生活。

1953 年 9 月 1 日学院举行开学典礼，父亲作为阅兵总指挥，组织了阅兵式。十几个参加阅兵的方队精神饱满、阵营严整、步伐整齐、口号洪亮，完美地展示了哈军工的形象，受到军委总部、地方党政首长和哈尔滨市民的一致赞扬。1957 年 7—8 月，哈尔滨发生百年不遇的大洪水，人民生命和财产受到威胁。按照地方和军委的要求，哈军工全力支持地方，参加了抗洪抢险斗争。父亲作为这项工作的主要负责人，协助副院长刘居英带领师生员工参加抗洪战斗。他们筑堤护坝，与洪水搏斗，展现了哈军工师生员工英勇顽强、不怕苦累的良好作风和强大的战斗力，受到哈尔滨市民的广泛赞誉。

1961 年 3 月陈赓院长逝世。不久，刘居英任院长，父亲任副院长。此时，哈军工按照中央的要求进行分建。由于学院分建带来大量人员调动和物资搬迁，父亲协助刘居院长英精心组织和指挥，有条不紊地工作，保证了学院分

建的顺利进行。在此后的全国进口精密仪器清查、调整压缩院校编制等工作中，父亲也都躬身一线、实事求是，既按时完成任务，又保证了学院教学科研工作的顺利进行。

父亲在哈军工成立暨开学典礼的阅兵式上

由于学院分建和国家经济困难，一部分干部和学员出现纪律涣散的情况，父亲在院党委会上提出把 1962 年 9 月至 1963 年 9 月作为学院管理的“严格年”，建议党委班子成员以身作则，从我做起。在全院干部大会上他提出严格按照军事院校的特点进行管理，加强军人教养，整顿“松、散、乱、脏、懒”的情况，认真执行各项条例、条令和规章制度。他说：“我们是军事院校，不是地方院校，尽管学习内容大部分是自然科学，但教学目的是为了军队建设，是为了战备需要。”“从军队建设需要出发培养人才，毕业的学员既是国家需要的专业技术人才，更是一名合格的军官。”经过一年多的整顿，学院面貌焕然一新，毕业生质量明显提高，他们不仅思想进步、学习成绩优异，而且作风优良，成为军队现代化建设的重要骨干。

为创建国防科技大学不懈努力

父亲是协助陈赓创建哈军工的主要领导者之一，经历了从创建到集体转业的全过程，他对哈军工感情很深，那是他魂牵梦绕的地方。哈军工改制后，父亲一直认为从军队长远建设出发，部队需要哈军工这样的军事技术院校，所以他就一直为恢复哈军工、传承哈军工而奔走呼号。父亲到原中国人民解放军第二炮兵部队(简称二炮)当副司令员后，分管武器装备和科技工作。由于父亲和当时的中央军委领导比较熟悉，所处的工作位置也比较方便与中央军委直接接触，所以他就责无旁贷地担当起了向党中央和中央军委反映建议恢复哈军工的重任。据我所知，他不止一次当面向罗瑞卿、张爱萍等中央军委领导提出恢复哈军工的建议，而且还就此事给党中央、中央军委写过信。由于哈军工分建南迁后组建的长沙工学院隶属国务院七机部管辖，当时的七机部部长张钧是父亲的老战友，他就多次和张部长商议从军队和地方两个渠道为恢复哈军工而努力。

1977 年，父亲听说国防科委要组建一所国防科技大学，喜出望外。由于中央军委对怎么组建，是新建还是以什么学校为基础扩建都没有确定，为了争取把这件事情落实到长沙工学院身上，他及时把这个消息告诉了长沙工学院的领导张文峰，让他们以学院的名义起草一份给中央的报告，建议以长沙工学院为基础建立国防科技大学。长沙工学院虽然当时不在部队序列，但毕竟有哈军工的老底子，哈军工在军内外还是有很大影响的。父亲建议他们不要等，要积极获取上级支持。由于建立国防科技大学的动议是邓小平同志提出的，因此父亲建议长沙工学院的领导去见一下邓小平同志。7 月 23 日，中共十届三中全会刚闭幕，邓小平同志就在家中接见了长沙工学院的张文峰和高勇。邓小平同志询问了长沙工学院的情况，谈到要组建国防科技大学的事情。谈话结束后，父亲连夜让二炮司令部打字室将邓小平同志的谈话打印成稿，并将谈话报送中央军委、军委各总部、国防科委、二炮和国务院七机部。邓小平同志的谈话为哈军工的恢复奠定了坚实的基础。

8 月，长沙工学院向党中央报送了《关于组建中国人民解放军军事科学技术大学建议的报告》，张文峰等同志很尊重我父亲，这份报告他先送我父亲看，父亲做了一些文字上的修改，但报告送上去后却没有回音。为推动此事，父亲于 12 月 14 日给邓小平同志写了一封信，就组建国防科技大学汇报了自己的想法。他在信中说：“恢复哈军工那样的学院还是有必要的，名称也可叫国防科技大学。这样军委直属军事、政治、后勤、科技四大院校，加上各军兵种所属高中级院校，配套成龙，从国防现代化的长远看，这是非常必要的。”“国防科技大学的组成，仍应以原哈军工的教职员为基础，这些干部质量较好，在哈军工学过一些军事知识，教学军事技术较有经验，科研也有过较

好成果。”“十年来经验证明，教学科研力量分散使用，不如集中使用，更能发挥作用，突破新技术难关比较容易。这种集中力量研究，我海空军需要的巡航导弹也会早日实现。”“学校校址可就现状，即长沙工学院为本校，就在长沙扩建。”“学校领导应以军委科技装备委员会主任兼任校长和政委，再配以德才兼备的副手担负学校实际工作。”该信很快得到邓小平同志的批示：“瑞卿、杨勇、爱萍同志阅，请爱萍参考。”在邓小平同志的亲切关怀下，1978 年 8 月，国防科技大学在长沙正式成立，列入军队编制，由国防科委领导，使哈军工的事业在新的历史时期得以传承和发展。

父亲离休后仍十分关心哈军工分建学院及国防科技大学的发展，在他们校庆时，尽量前去参加，不能去时就给他们发去贺信。1992 年他撰写了《陈赓大将创建哈军工》的回忆录，在《纵横》杂志和哈尔滨《新晚报》上登载。由于受到大家的欢迎，所以这部回忆录于 1993 年 7 月由黑龙江人民出版社正式出版。

【我与父辈】

李辉，李懋之之女，1949 年 12 月生，1969 年 7 月参加中国人民解放军，1970 年 12 月加入中国共产党，历任战士、技师、工程师等职。入伍离家后，父亲常常给我写信，鼓励我自强、自尊、自爱，为党和军队的事业不怕苦累。父亲那代哈军工人，是我们永远的榜样。

学习成为终身习惯
——忆我的父亲邓钧、母亲郑时敏

（作者：邓翔）

【父辈简介】

父亲邓钧，原名邓禹钧，1930 年 11 月 5 日出生，原籍广东省开平市赤坎镇小海村委会莲塘里，哈军工外语教研室讲师、国防科技大学外语教研室副主任，副师职教员（离休）。曾任湖南省公共外语教学协会副会长、《大学外语》杂志副主编、湖南省旅游局国家导游考试评委。

母亲郑时敏，1932 年 3 月出生，浙江省桐乡市人，上海清心女中教会学校毕业后，入北京燕京大学新闻系学习，后参军，于 1953 年从解放军大连俄语专科学校（本科）毕业，哈军工外语教研室讲师，国防科技大学科技外语系英语教授。

【我的父辈】

我的父亲邓钧和母亲郑时敏，都是哈军工基础部外语教研室的教员。父亲在新中国成立前参加革命，后被部队选送到北京俄语学院（现北京外国语大学俄语系）学习俄语。母亲原是燕京大学新闻系大学一年级的学生，抗美援朝开始后，母亲报名参军，被部队选派到中国人民大学，后又转到解放军大连俄语专科学校学俄语。哈军工筹建时，她就提前被抽调到哈尔滨参与筹建工

作。哈军工成立时，我的父母刚刚大学毕业就被分配到了哈军工，成为第一批年轻教员。

父母在备课

父亲和母亲在学校里都是品学兼优的学生，来到哈军工以后也都是外语教研室的业务骨干。我出生在哈军工大院里。在哈军工的时候，我还很小，对父母那时的情况也只有一些零碎的记忆。父母在生活中从来不讲究，他们的大部分时间都放在学习和工作上了。在我小时候，父母给我的印象是天天都在忙工作和学习，周末和节假日也不闲着，要么去图书馆，要么去书店，他们身上都有知识分子的认真和执着。

不断学习是父母的终身习惯

父亲有个箱子，里面存放着许多废纸做成的卡片，平时一有空他就把废纸裁成小条，在上面抄抄写写。这些卡片上写满了单词和国际音标，很多卡片比我的年龄都大。这些卡片都是他自学外语和方言并且用来编写字典和教材用的。在哈军工和国防科技大学工作期间，他就用这些卡片编过不少教材。离休后，他就把这些卡片上的信息录入电脑，用数据库处理文字数据，编写了多本方言词典。

母亲在外语教研室有两个“第一”：20 世纪 50 年代教研室(当时叫俄文教授会)成立时的第一个俄语教员，60 年代英语组成立时第一个英语教员。她在外语教学方面很有一套，讲课深受学生欢迎。母亲每次上课前都认真备课，认真写教案，哪怕是教过多次的课她也会认真对待。因为她教学出色，在国防科技大学时期曾被评为国防科工委的先进个人并荣立三等功。

我的父母原来都是学俄语的，学院外语教学也是以俄语教学为主。据我父亲回忆，1956 年开始，哈军工要求外语教员必须掌握两门以上外语，第二外语通常是英语，也有日语。开始他们的英语课是由一个苏联专家的夫人来教的，后来苏联专家撤走以后，他们的英语课就由教研室内英语水平较高的教员来教，但主要还是靠自学。20 世纪 60 年代初，哈军工各个系的外语教学除了开设俄语课以外，还增加了英语课，我的父母根据工作需要开始转教英语。母亲中学是在一所教会学校，全部都是英语授课，所以母亲的英语基础扎实，后来也成了第一批转英语的教员。而父亲的英语基本上是靠自学，从高中课本学起，几年时间便学完了大学英语的课程。在那个特殊年代，很多以前的教材不能用了，他就坚持自学英语、日语及德语，所用的教材是外文版的《毛主席语录》和《毛泽东选集》。不断学习已经成为他们的终身习惯。

20 世纪 60 年代初，外语教研室刚刚成立了英语教学组，母亲便成了英语组的第一个英语教员。此时的母亲已经有十年的教学经验，所以由母亲负责以老带新。组员朱紫超当时是大学刚毕业的英语专业本科生，他后来回忆说："由于 63 级新生一入学就要上课，郑时敏教员带领三个'小字辈'抓紧一切时间备课。郑时敏教员对备课、写教案的要求十分严格，课文中的每一句话，都要从词汇到语法，准备好充分的解释和例证，还要绞尽脑汁地编写尽量多的补充和练习，所编的短语搭配和句子练习，要求高频率地出现以往课程出现的词语和句型。所以每课教案都写得很多，讨论教案也如跑马拉松一样。郑教员极有耐性和韧性，工作起来十分专注和认真。教学日历也要求安排得详细准确，每节课的各个教学环节和教学内容都必须清楚地列出。"他说："备课中这些看起来像是烦琐、教条的做法，对我们这些刚涉足教学工作的年轻人来说虽然是不小的折磨，但不得不说，也是让我们终身受益的教育和磨炼。"

父母与他们的学生

哈军工南迁到长沙后，随着年龄的增长，有很多父母和他们学生之间的故事给我留下了深刻的印象。20 世纪 70 年代中期，学校招收了许多工农兵学员。这些学员文化水平比较低，大部分只有初中文化水平，具有高中文化水

平的不多，有的甚至只有小学文化水平。那时英语课都只能从 26 个字母教起，学生的英语水平也参差不齐。为了提高教学质量，除了上课以外，父母都根据学生的个人水平因材施教，把学员叫到家里进行补课。那时我家的住房很小，只有一间半，他们补课时我也就在旁边做作业，所以也就目睹了父母的教学。父母在辅导学生时非常耐心，父亲除了教课本知识以外，也介绍他自学英语的经验；母亲在辅导学生时，强调反复练习，她编写了大量的练习题，至今还保留在我家里。我的父母，特别是母亲，除了关心学员的学习外，对学员的生活也十分关心。母亲并不是专职做学生工作的，但学员有事也愿意找她，经常有学员生病了需要吃中药，因为在宿舍不方便就到我家来熬中药；节假日学员们也经常到我家来包饺子，师生打成一片，其乐融融。

母亲和她的学生

父亲于 1949 年 6 月赴恩平游击区加入中国人民解放军粤中纵队；1949 年 11 月随部队回到开平，在原广东军区第七军分区政治部工作；1950 年 8 月被单位选送到北京上大学；1953 年 8 月毕业于北京俄语学院（现北京外国语大学）；1956 年起业余进修大学英语并自学汉语普通话和方言著作。父亲教大学俄语 11 年，教大学英语 20 年，曾多次编写俄语和英语教材，也多次发表俄语、英语和方言学论文。父亲擅长语言研究和编写教材，除英语、俄语外，对普通话、广州话、开平话和台山话都有研究。父亲于 1988 年获中国人民解放军胜利功勋荣誉章。

母亲 1989 年因教学成绩优秀荣立三等功，1991 年参加国防科工委先进工作者大会，受到国家领导人的接见。母亲这一生长期从事外语教学工作，其中从事俄语教学 8 年，英语教学 30 多年。母亲曾三次为来成都和国防科技大学进行文化交流的美国学生讲中国文化课，深受欢迎。

父母和我们

作为子女，父母对我们的影响是潜移默化的。父母认真工作的态度给我和妹妹都做了很好的榜样。我们现在都已经退休，回顾过往，我们在工作和学习中所取得的成绩，其实都有父母的影子。父母是我们人生的第一位老师。我还在幼儿园时父亲就教我汉语拼音，教我自己查字典。我学会这些后，八岁就可以看大部头的长篇小说。我小学二年级时，父母就支持我安装矿石收音机，并找人对我在电子技术方面的学习加以辅导。这一切，对我选择专业及以后的职业生涯都起到了至关重要的作用。1978 年，我考入湖南大学无线电技术专业，毕业后被分配到一所刚成立的师范院校，一切都从头开始，电子技术专业的人员当时就我一个人，上面也没有人带。父亲帮我联系到国防科技大学实验室进修，还向我传授教材编写的经验。父亲的教材编写能力比较强，在教学过程中他曾编写了不少教材和练习集。编写教材的过程也是学习的过程，在父亲的指导下，我很快按照他教的方法举一反三，编写出了无线电实验室的实验课教材。在讲课方面，如何备课，怎样控制讲课时间，我也都没有任何经验，在这方面母亲是强项。在母亲的指点下我完成了我的第一次讲课。我妹妹大学毕业后也当了老师，虽然我们兄妹的专业和父母的专业都不相同，但同为教师，在如何编写教材、备课、准备教案方面，都得到了父母的指点。

退而不休　发挥余热

在20世纪八九十年代，父母就离休了，离休后他们并没有停止学习和工作，30多年的离休生活他们过得十分充实。母亲虽然不再教课了，但她还自费搜集了许多音像资料，如各种情景对话、故事片、纪录片等，研究如何通过音像制品进行英语教学，免费为很多学龄儿童进行英语辅导。

1985年父亲离休后进入了干休所，开始研究广东方言。他从他的装卡片的小箱子里面，拿出用废纸做成的卡片，根据字母顺序或笔画顺序进行排列，开始编写方言字典。1990年，个人拥有计算机并不普及，为了提高效率，他就和我一起集资购买了一台简配的计算机。这台计算机只有软盘驱动器，没有硬盘，运行的是DOS操作系统和DBASE数据库，使用命令行进行操作。因为命令行都是英文，作为英语教员，他有打字基础，对英文的操作命令的理解和掌握也很快，不久，在我的帮助下父亲就可以独立操作计算机，甚至可以编写一些DBASE程序。我也根据他的需求帮他编写了一些数据处理软件。利用这些软件程序，他对积累了一辈子的卡片数据进行了处理，用计算机编写了《粤语基础教程》(配音带)、《开平方言》(配音带)、《开平方音字典》、《台山方音字典》、《简明广州话字典》、《开平方言新编》(配光盘)、《华侨村莲塘里》、《台山话概要》等书。父亲的这些著作，无偿捐献给了家乡的许多城市和学校的图书馆。30年来，他不但学会了用计算机写作，还学会了上网：发电子邮件、上各种论坛、在网络上冲浪、写诗斥赋……父亲的晚年生活丰富多彩。

【我与父辈】

邓翔，1959年生，哈尔滨育红小学66级学生，长沙工学院子弟学校(现国防科技大学附中)76届高中毕业生，1978年考入湖南大学电气工程系无线电技术专业，毕业后在湖南教育学院从事电子技术教学工作，任讲师、教研室主任。20世纪90年代中期到深圳，在深圳市特发泰科通信科技有限公司担任总工程师，从事光通信及无线通信设备的研发、工程安装、技术支持、质量管理等工作。

父亲晚年仍从事科研和写作，继续发挥余热。他 70 岁时写过一首名为《新春叙怀》的诗：

勤栽桃李红天下，
甘作人梯学古贤。
俯首为牛今未老，
砚田耕种献余年。

这首诗是父母的座右铭，也是父母生平的写照。他们的精神鼓舞着我们这一代，也给孙辈们做出了很好的榜样！

全家合影

一心向党
——忆我的父亲邹品章

（作者：邹越华）

【父辈简介】

邹品章，广东梅县人，1929 年出生。1949 年 11 月入伍，在中国人民解放军 44 军 130 师军政教导队当兵，1952 年冬随志愿军 130 师参加抗美援朝战争。1953 年由部队考入哈军工，是哈军工炮兵工程系一期学员，毕业后被分配至总后太原办事处军代表室工作，后转业至中国汽车工业公司哈尔滨销售分公司，高级工程师。曾在部队获过三次三等功奖励，在地方单位多次被评为先进个人和优秀党员。

【我的父辈】

求学之路多艰辛　参军援朝为国家

我的父亲出生在广东梅县程江镇的一个农民家庭，他的三个姐姐出生不久就抱给别人家当童养媳。我的父亲出生时，爷爷奶奶都已经 40 多岁，因而对父亲宠爱有加。父亲学习成绩好，初中和高中都考上了省里免学费的学校。那时家里穷，买不起鞋，他只能光脚上学，天冷时走路冻脚，夏天地面热得烫脚，也只能咬牙坚持。买的唯一一套校服一穿就是三年，上面打了许多补丁。买不起教科书，就借别人的书看。

父亲高中毕业后，1949 年 11 月报名参军入伍。1952 年冬，父亲所在的中国人民解放军 130 师(原属 44 军)归志愿军 54 军，乘火车北上抗美援朝，雄赳赳，气昂昂，由辽宁丹东市跨过鸭绿江。部队白天休息，下午四点才能徒步行军。因为白天经常有敌机轰炸，父亲的部队就躲进防空坑道，敌机投下炸弹轰隆的爆炸声和机枪的射击声都能清晰地听见。

父亲和战友们的合影

（左一为父亲邹品章）

哈军工大院学习忙　勤奋严谨重实践

1953 年除夕，师部通知父亲回国学习，在此之前父亲已经进行了两轮文化知识考核。农历大年初一上午，父亲与战友莫玱琪等人在师部干事的带领下，乘卡车于傍晚回到辽宁凤城志愿军 54 军留守处。当晚他们被安排在仓库靠门口打地铺睡下，刺骨寒风从门缝钻入，冻得他们身体成团，睡不着觉。大年初四，父亲和两位战友乘火车，于初五上午到达了哈尔滨站。在哈尔滨站有哈军工专门的接待人员等父亲他们集中后入校。接站车送他们到文庙校址，编入学员大队，住在极乐寺旁四层小黄楼宿舍。

父亲是广东梅县人，以前从来没见过下雪，初到北方哈尔滨，冰天雪地，一时不适应，没几天就感冒了。由于父亲他们这批是哈军工第一期学员，大

多是高中肄业参军，因此听不懂大学课。学院决定先复习高中数理化课，一个多月后进行口试并检查身体，都合格者才分配到空军、炮兵、海军、装甲兵和工兵五个系学院，再进入大学课程授课。原有学员800多人，进入专业系学习的只有600多人。父亲最后被分配到炮兵工程系弹药专业弹药班行政二科。他回忆时说："那次复习后进入专业系口试，我心中有数，底气较足，比在去年军部进院初试时好多了。物理口试题是牛顿三大定律。"

那时候令学员们最兴奋的还是参加哈军工成立阅兵。1953年9月1日，阅兵开始，军乐队奏起雄壮、嘹亮的军乐，陈赓院长迈着雄壮的正步到主席台前，庄严地接过八一军旗和毛泽东同志对学院的《训词》。

父亲说，印象中的陈赓院长是一位没有官架子、联系群众、深入基层、说话幽默风趣的人。陈赓院长的风范给哈军工学员留下了深刻的印象。1953年冬天期末考试期间，父亲偷偷溜进自己宿舍复习，当时学院条例规定上课期间不允许随便待在宿舍。寝室门突然被打开，陈赓院长一行几人来检查学员宿舍。父亲诚惶诚恐地站起来，说："教室里人多噪声大，在这复习安静，自学效率高。"陈赓院长听后和蔼地说"你继续自学"，关上门就走了。父亲很感动，以后都自觉地在教室、辅导室或图书馆复习了，变得更加努力学习。

父亲回忆时说，哈军工学员伙食很好，每月伙食费13.5元，粗粮细作、花样繁多、营养丰富，能吃饱吃好。宿舍较宽敞，教室明亮，有单人书桌、座椅的辅导室，培养学员的教职员工数比例和经费比例比地方大学高很多。美中不足的是第一期学员没有书和印好的讲义，教师常常是边编边讲。前两年基础课科目多，时间紧，包括中共党史、政治经济学、高等数学、材料力学理论等，主要科目如高等数学等，用100多个学时学习，为不同专业打基础。父亲说每一门课都很重要，比如自学检具设计后，在实际工作中提出改正某军工产品检具的建议，为父亲日后成为单位技术骨干提供了有益帮助。

父亲说，当时哈军工的考试一般采用口试，满分五分，三分及格、四分良好、五分优秀。2~3位考官组成一组，教官非常重视学生对原理及应用的理解和应用程度。三道题全部答对的为优秀等级（五分）；自述不够透彻的为良好等级（四分）；经教师启发后才懂得原理的为及格等级（三分）；其余为不及格等级。同学们诙谐地说："老师问得你屁股朝天为止才罢休。"哈军工教师治学极其严谨，这样严格要求、精益求精钻研学问的精神使父亲受益终生。

转业回报黑土地　安享晚年育后人

1958年，父亲从哈军工毕业后，被分配到总后太原办事处军代表室工作，负责兵工厂弹药生产质量工作，直到1966年才转业到中国汽车工业公司哈尔滨销售公司。作为单位首批高级工程师，父亲多次被评为单位和省机械厅“先进工作者”“五好干部”“优秀共产党员”。

父亲肯于钻研，军代表工作中自操检具检查炮弹，自学检具设计，纠正军工厂“全弹通过”检具设计的错误。在转业后纠正减震器“压力测试”检具无防松动装置而不能正常使用的错误，在黑龙江省汽车工业公司开创“生产统计”“原材料统计”新方法。当时因做事认真，父亲所负责的非标准刀具订购两种统计报表数据准确，受到省机械厅有关部处室的赞扬。父亲曾撰写全省100多家汽车产品“检验技术标准”，在中国质量管理全国性杂志上发表产品质量标准文章，组织并带队黑龙江省同类型汽车产品联检，组织本科技术员下厂检查产品质量，认真落实总工程师交办的汽车产品认证工作。父亲回忆说：“能成为省公司的技术拔尖人才、业务精通的技术骨干、正科级主任工程师，自己的成绩离不开党的及时鼓励和鞭策，这都是党对我精心培养的结果。”

父亲除了较出色地完成本职工作外，还业余受聘，无偿兼职，积极完成任务，曾任黑龙江省汽车工程学会常任理事等。父亲一直深耕于黑龙江省汽车配件行业23年，直至1990年光荣退休。退休后，他不忘哈军工为国报国爱国初心，耐心教育培养后人，用自己扎实的数理化知识辅导子孙及朋友和邻居子女，帮助他们在高考中脱颖而出。

父亲退休后仍爱看各类书籍，不忘初心、牢记使命，永不忘记党的恩情，时刻以优秀共产党员的标准要求自己。父亲虽已高龄，仍关心党和国家大事，认真学习党和国家最新的方针政策，积极参加所在社区支部捐款及公益活动，多次受到所在街道支部的表彰奖励。父亲最常说的一句话就是：“我一心向着党，愿做党交给的一切工作，继续发挥自己的余热！”

【我与父辈】

邹越华，邹品章的女儿。1986 年至今在哈尔滨文庙做传统文化宣传工作，现任研究员。非常幸运自己所在单位曾是父亲在哈军工读大学时期的图书馆。父亲的以身作则，影响我一生，使我在生活中与人乐善好施，在工作中刻苦钻研业务，在传统文化研究与宣传领域取得一定成绩，得到单位及观众的认可。父亲在哈军工时期留下的优良作风使我受益终生。

心底无私天地宽
——忆我的父亲冯捷

（作者：冯爱丽）

【父辈简介】

冯捷，1919年12月出生，山西晋城人。1938年参加革命，曾担任决死队指导员、二野九纵队随营学校政工队政委、西南军大和第二高级步兵学校中队政治指导员等职。1953年在哈军工海军工程系任造船专科主任，1958年任造船专科政委，后任海军工程系教务处长，哈尔滨工程学院舰船工程系系主任。1964年晋升为上校军衔，荣获三级独立勋章、三级解放勋章。哈尔滨船舶工程学院成立后任训练组组长，院领导小组副组长、院长、院党委书记。

【我的父辈】

人在阵地在

1953年，举全国之力兴建的新中国第一所军事工程技术学院——哈军工，在祖国的北疆哈尔滨落成。他是新中国国防科技教育事业的先行者，也是新时代科教兴国的开拓者。建院十余年，哈军工人以报国、强军、忠诚、奉献、拼搏的哈军工精神，为新中国国防科技事业培养了一大批高精尖科研技术人才和中坚力量，为各军兵种和科研院校输送了大批的科研技术人才和学科带头人。如今在国防科技前沿和军工企事业单位到处都活跃着哈军工人的身影，哈军工精神已被载入中国教育史册，成为永恒！

父亲与海军系的合影

（第一排右二为父亲冯捷）

哈军工分建后，父亲所在的三系（海军工程系）也面临着何去何从的问题。当最后上级主管部门敲定了海军工程系就地转建哈尔滨船舶工程学院后，父亲作为当时的系领导责无旁贷地开启了繁忙的筹备模式。学院在国防建设和国家教育体系中如何定位、校址的规划及学校用地成为至关重要和迫在眉睫要解决的首要问题。作为筹备组的成员，父亲等前辈就办院宗旨、教育定位、科研方向、选址办校等一系列的重要问题进行了详细的论证和考量。父亲就如同一个上满发条的马达，开足马力，紧张而有序地开始了工作。召集相关人员开会讨论，集思广益，争分夺秒，迅速形成有理有据的上报材料。因为父亲深知一旦白纸黑字形成了文件，再想改变将会难上加难，所以必须在正式下文之前做好一切准备。开疆拓土，据理力争，争取能最大面积地保留哈军工的校址，这也是所有哈军工人的心愿。所以，只要是有希望争取的切入点和机会，就要付出百分之一百的努力。

但是前进的道路并非一帆风顺，隶属关系从军委直属到地方部委，建校用地从军产到民用……巨大落差形成了道道难以逾越的门槛，谈判的艰辛与争取落实到位的困难就不言而喻了。

筹备建院阶段父亲经常出差，到北京及相关部门进行沟通和汇报工作。父亲动用一切可以说得上话的关系为院校征地出谋划策，登门拜访德高望重且身居要职的老首长，探望曾在哈军工任过职的老领导们，大打感情牌，动之以情，晓之以理，希望他们能为尽可能多地保留哈军工校址用地建言献策。那时父亲出差归来成了他最忙的时刻，风尘仆仆，一脸疲惫。回到家后的父亲顾不上休息，即刻召集相关人员补充上报的材料，经常开会至深夜，有时连口饭都吃不上，家里俨然变成了办公室、会议室。有时人还没下班到家，家里就已经坐等来汇报工作的人了。

哈船院第一届领导班子合影

（左一为父亲冯捷）

父亲和全体同仁们坚持不懈、上下一心，终于争得了较为完整的办院用地。这为后期的哈工程能跻身成为国家 211 重点大学和今后能有更大的发展空间奠定了极为重要和关键的原始基础。同时为学院能获得国家在办校资金、教学科研、国防重点项目等各方面的支持奠基铺路，夯实了坚实的根基，为顺利开展工作尽快招生，提供了必要的物质保障。

从建院之初到分建再到最后的坚守，父亲经历了哈军工的辉煌和南迁，亲历了哈船院的再生和成长，他见证着哈军工的血脉——哈船院、哈工程不断地延伸与壮大，真正践行了“人在阵地在”的诺言。

严于律己　不逐私利

1955 年，中国人民解放军开始实行军衔制，父亲当时是海军工程系五科科主任，按照哈军工科主任的评衔标准及参军资历，父亲应该授少校或者中

校军衔，但是父亲考虑到当时军衔的编制职数以及全院的横向比照，自己主动提出了授少校军衔，放弃了授中校的机会，放弃了提高薪酬待遇的机会。

父母在陈赓塑像前的合影

20世纪70年代初，哈军工分建，大部分系外迁，只留下三系（现哈尔滨工程大学的前身）依旧驻扎在原址办校。当时居住在将军楼（小红楼）的许多院系领导都搬离了哈尔滨，空出来了一些住房。小红楼的周边环境和绿化都非常好，私密性强，居住面积大。按照当时父亲的行政职级是有资格住进小红楼的，我们也期待着搬进小红楼。但是父亲告诫我们：一个人的工作能力不是体现在是否住进了小红楼，而是要看其在实际工作中的真才实学，搬家之事今后不要再提了。

父亲的经典名句包括“共产党员就是要吃亏的，和群众争利就不要入党”“领导干部就是要干在前，享受在后”“换位思考，将心比心，就没有做不通的思想工作”“做人要光明磊落，心底无私天地宽”“不要小看任何人，每个人都有自己的长处”。

宽以待人　亦师亦友

哈军工成立以来就一直保留着部队官兵一致、干群一致的优良传统，上下级关系非常平等和谐。父亲做了一辈子的行政工作，平时非常注重个人的修养和言行，尊重知识，爱护人才。从建院伊始，无论是当科主任还是到后来当了一校之长，父亲始终保持着早操时间去学员宿舍转一转的良好习惯。父亲就是要亲眼看一看学员们在生活方面有没有不适应和不习惯的地方，就是要亲耳听一听学员们有什么不一样的感想和诉求，掌握第一手信息，对待学员就像对待自己的孩子一样。父亲常说：知识就是力量，教授就是人才，学员就是未来。

父亲在任期间经常有教职员工来家里找父亲诉说自己遇到的各种问题，父亲总是耐心地聆听对方的诉求，然后平心静气地谈自己的看法，提出解决问题的方法和建议，很少听见父亲发脾气和与人争执。父亲常说：要学会换位思考，将心比心，就没有做不通的思想工作，争吵是解决不了问题的。正是父亲这种换位思考、与人为善、真诚相待、谦逊有加的待人之道，得到了大多数人的尊敬和认可。即使在他离休退位之后，仍有不少调任外地的教师和毕业离校的学员来家里探望他。

父亲的一生是不断学习、不断进取、不断完善的一生。他严于律己，宽以待人。他思维敏捷，勤奋好学，善于思考。他思想开明，乐观豁达，风趣幽默。他平易近人，真诚友善，无论是对同事，还是对我们小辈都平等相待，从不摆架子。他对工作具有高度的责任心和敬业精神，始终保持着实事求是的工作作风和严谨的工作态度。父亲无私的胸怀和高尚的人格魅力，值得我永远学习。

【我与父辈】

冯爱丽，冯捷之三女。中国社会科学院退休干部。

我们的父亲一生不计个人得失、淡泊名利、仁和谦逊、宽厚豁达、待人真诚。父亲的言行也潜移默化地渗透到我的成长过程中，对我做人做事有着不可替代的影响，始终是我学习的榜样，并受益终生。每当我遇到个人利益与集体利益和他人利益有相关连带关系时，我脑海里常常会浮现出父亲的形象和谆谆教导，我会想“如果是父亲，他将如何选择和处理?”父亲的言传身教胜似千言万语，永远指引我一路前行。

挂满勋章的一生
——忆我的父亲侯军

（作者：侯东风）

【父辈简介】

侯军，1921 年出生，16 岁加入抗日队伍，1938 年入党，参加了抗日战争、解放战争，新中国成立后在国防教育战线工作，1955 年被授予大尉军衔，1983 年在国防科技大学离休。哈军工时曾担任过幼儿园主任、装甲兵工程系年级主任、海军工程系八科主任、教研室协理员、系党委委员、教研室支书等职。

【我的父辈】

投身抗日

父亲出生在山西省夏县的一个农民家庭，在县立一高小读书期间接受进步思想的启蒙。卢沟桥事变后，在共产党八路军抗日救国主张的感召下，父亲与同学们北上 150 多公里，去临汾投奔八路军驻晋办事处学兵队，并见到了时任八路军驻晋办事处主任的彭雪枫。

学兵队实际上是共产党八路军专门招收培养有志文化青年的政治集训队，为八路军储备力量。学兵队集训结束后，父亲被派到夏县泗交工作委员会下属的学生抗日救国连任救亡室主任，这个连队就是后来的夏县游击支队。从此父亲走上了革命的道路，投身抗战。

1938 年秋，父亲由八路军一一五师六八八团推荐去抗大学习，编入抗大五期蟠龙大队四中队任学员、支委，入抗大后一个月加入了党组织。父亲在艰苦紧张的战争环境中学习锻炼了一年，以优异的成绩毕业，而且进一步强化了军人的素质，获得了模范党员的荣誉，成为一名随时都可以参加战斗的战士。

1939 年，父亲在抗大毕业后，被分配到冀热察挺进军司令员萧克的警卫团任政卫连指导员。在离军部不远的地方，敌人设立了一个新据点，军部命令将它拔掉，连长和父亲率领全连逼近敌人将其包围。父亲对敌喊话，充分利用心理战，劝他们弃暗投明，最后敌人迫于我军的威势，手举白旗头顶枪支投降了。全连一枪未放摧毁了敌人的据点，解除了对军部的威胁，父亲受到萧克司令员的表扬。1942 年，父亲任军供给部被服厂指导员，经常给同志们讲战斗故事，宣传党的方针政策、我军的光荣传统，鼓舞斗志，坚定革命信念，创造了模范工厂、模范党支部、模范青年队，被挺进军政治部授予“模范干部”称号。

父亲原名侯岐山，字海云，参军不久一位首长说你现在是革命军人就叫侯军吧，当一辈子革命军人，和队伍不分家。从此，军这个名字伴随了父亲一生。父亲经常教导我们没有当年的艰苦奋斗和流血牺牲，就不会有今天的幸福生活。

工作在哈军工

为加速我军现代化发展，适应现代化战争，中央军委决定以第二高级步兵学校、华东军区军事科学研究室及志愿军第三兵团的部分人员为基础，在哈尔滨创建我军的第一所高等军事科技院校——哈军工。学院筹备初期考虑是长期办学，因此还创办了小学、幼儿园。建院初期父亲就是全院娃娃兵的“总司令”——幼儿园主任。一次去参加地方的幼儿园工作会议，来开会的都是女同志，有人问：“孩子们看见穿军装、挎着枪的男同志不怕吗?”父亲说：“军队的孩子爱军人。”

在哈军工幼儿园工作期间

（前排右一父亲侯军）

2007年，父亲完成了他的回忆文章《岁月追忆——一个八路军老战士的回忆》，全篇一万一千多字，用生动朴实的语言，叙述了自己学习、战斗、工作的经历。文章发布在哈军工校友会网站上。校友廖光惠在网上留了言："看到侯军主任的回忆录，一气读完，非常感动，侯主任在抗战最艰难的时期，为民族而战斗，不由让我非常崇敬；我做过他的下属，聆听过他的教导，非常高兴，非常有幸。文中列出那么多他得过的纪念章、勋章，证明了他曾努力奋斗，活得轰轰烈烈。回想起侯主任做我领导时，却又是那样地平实。哈军工幼儿园刚开办时，几百个孩子，手下一帮年轻不懂事的小女兵，工作琐碎繁杂，侯主任却有条有理，不急不躁，看问题深透，对大家总是从正面说服教育，我们从第二高级步兵学校调去的同志都认为他说话客观，批评有理，很佩服。"

1956年，父亲由学院装甲兵工程系调到学院海军工程系工作，担任蒸汽动力装置专科（八科）主任，后继又担任教研室协理员、系党委委员、教研室支书。1957年，松花江大水患，哈尔滨市危在旦夕，学院动员全体同志全力以赴抢险，父亲带领学员也在其中。几万军民几十天夜以继日奋战在江堤上，保住了哈尔滨这座城市，父亲也因这次抢险获得了嘉奖。

1958 年，父亲带学员海上实习，从大连实习基地登上“青岛”号坦克登陆舰，连续不断地航行。军舰随着海浪的冲击上下起伏，初次海上实习的学员们有晕船的、有吃不下饭的、有睡不着觉的，人十分疲劳，刚上舰的新鲜劲和精神头全没了。特别是摇摆课目的训练，军舰加倍摇摆快速驶入深海，大家东倒西歪，吐得一塌糊涂，有的人连胆汁都吐出来了。舰上的水兵要大家吐过后再吃饭，要保持体力，要坚持，父亲无微不至地关心鼓励大家。多年后，一位参加了此次航行的哈军工学员在网上留言：“在我的记忆里，带队首长非常慈祥，关心学员学习生活。”

1966 年 4 月，中央军委决定“中国人民解放军军事工程学院”改名为“哈尔滨工程学院”，退出军队序列。随即对干部做了一些调整，父亲被调往学院的实验工厂任党委副书记，就这样父亲离开了工作了十年的海军系。自从父亲调到实验工厂，工作更加繁忙，离家又远，中午一般不回来，早上我还没起床他就走了，晚上我们睡着了他才回来，常常是几天见不着他。

1970 年，哈尔滨工程学院主体迁往长沙，定名长沙工学院，父亲留在哈尔滨和有关同志一起处理学院搬迁的善后事宜，当时的机构称为哈尔滨工程学院留守处。之后的 5 年，父亲经常来往于哈尔滨和长沙之间。

1975 年，哈尔滨工程学院留守处基本完成了历史使命，我们家也迁往长沙。来到长沙后父亲仍在实验工厂任职。

1978 年长沙工学院回归军队序列，命名为“中国人民解放军国防科学技术大学”。父亲在计算机系担任副主任、党委常委，这是父亲离休前的最后岗位。

1978—1983 年，计算机系承担着国家重点科研任务。“银河”亿次巨型计算机的研制成功，震撼了国内外，荣获国务院科技领导小组的嘉奖令，中央军委授予集体一等功及银河机特等成果奖。父亲作为计算机系行政管理和后勤保障的主管，为全系的教学和科研付出了大量的心血，他时常和我们说，在他工作的最后里程里能为“银河”工程出力太荣幸了。

1983 年计算机系领导

（左至右：苏克、侯军、杨斌、慈云桂、胡守仁、张景华、王振清、陈火旺）

退而不休

1983 年父亲离休，住进了国防科学技术大学第一干休所。也许是工作了几十年刚退下来不习惯，每逢开会学习过组织生活会什么的，这些离开工作岗位的老革命个个精神矍铄，早早地来到会场。父亲 2010 年和 2011 年连续两年被国防科技大学评选为优秀党员，连续多年是干休所管委会成员，父亲常被国防科技大学请去为学员们做党的光荣传统报告。

2015 年纪念抗日战争胜利 70 周年大阅兵前夕，干休所政委多次来家中动员父亲赴京参加抗战老兵方队阅兵，这是一个莫大的荣誉，但父亲担心可能会给组织上添麻烦，毕竟已经 94 岁了，谢绝了组织上的好意。父亲就是这样低调平实地走过了 98 个春夏。我们四个做子女的没有一个走后门上大学和当兵的，都是按政策上山下乡或参加工作。他常说要依靠组织，按政策原则该咋样就咋样，其他的做不来。

我们的心目中父亲个性很强也很威严，在他生命的最后时段，即使躺在病床上行动受限，忍受病痛和治疗带来的种种痛苦，也尽量少求助别人，总是不想麻烦陪护他的人。我们每每服侍他的时候总要鼓起一点小“勇气”，总感到他的威严还在。

组织上对父亲的最后评价：

侯军同志一生忠于党，忠于人民，热爱祖国，热爱军队。半个多世纪以来，他艰苦奋斗，勤奋工作，兢兢业业，一丝不苟；他党性强、作风正、顾大局、识大体，认真执行党的路线、方针、政策，思想上、政治上、行动上时刻与党中央、中央军委保持高度一致，他为中国人民的解放事业奋斗了一生……学习侯军同志的好思想、好品德、好作风，学习他勤奋工作、严于律己的优良品德，学习他任劳任怨、无私奉献的革命精神……

父亲的一生是挂满勋章的一生，曾荣获西南解放纪念章、华北解放纪念章、全国胜利纪念章、共和国三级独立自由勋章、共和国三级解放勋章、献身国防科技事业荣誉章、解放军功勋荣誉章、纪念抗日战争60周年纪念章、纪念抗日战争70周年纪念章、新中国成立70周年纪念章。

【我与父辈】

本人侯军次子侯东风，哈尔滨出生，1976年在湖南省长沙县插队，1980年在国防科学技术大学参加工作至退休，高级技师，中共党员，两次荣立三等功。几十年来遵循父亲无言的教诲：老老实实做人，踏踏实实做事。

不当只有一壶水的老师
——忆我的父亲刘文龙

（作者：刘晶）

【父辈简介】

刘文龙，1933 年 8 月出生于江苏省建湖县，1953 年夏考入哈军工，1958 年毕业后留校任教，1979 年调往南京市交通局工作。在校期间表现较好，先后获得海军工程系五科嘉奖、学院积极分子，先进工作者等荣誉称号。

【我的父辈】

与船舶设计制造结缘

1953 年夏，父亲考取哈军工后，被分配到哈军工预科一队二区队八班并担任八班班长。入学时要先读一年预科，重点复习高中数理化等课程，并学习一些军事知识，进行入伍前的一些教育。开始时很多学生不服气，认为大家都是高中毕业且经过正式考试后才被录取的，没有必要再复习一年高中数理化课程。后来，学校组织了一次数理化课程考试，题目很难，很少有人能达到及格标准。这次考试是一个下马威，考完试后学生都能安下心来学习了。

学校还进行了三个月的野外军事和队列训练，从立正、稍息开始，齐步走、正步走、行军礼，最后进行入伍宣誓，使学生都能具备作为一名军人所必须拥有的基本素质。

父亲在中学时打下了良好的思想政治基础，中学就已经是预备党员，能正确处理好个人与组织的关系，处理好个人兴趣、个人志愿、个人利益与国家需要、整体利益的关系。1954 年夏天，父亲结束了为期一年的预科学习生活，经过考试合格正式升入本科四年的学习。当时哈军工本科有五个系。在进入本科之前，要求每个学生填写三个志愿，按顺序排列，父亲很希望去三系(海军工程系)，当时预科一队队长和指导员在大会上动员时讲到，学生中主动要求去五系(工程兵工程系)的很少，希望同志们能报名填工程兵工程系，特别是希望共产党员能起带头作用。当时学生普遍认为，工程兵修桥筑路露天工作很艰苦，都不愿意报名。在激烈的思想斗争后，父亲决定将工程兵工程系作为第一志愿，第二志愿是海军工程系，第三志愿为空军工程系。在新学年开学的前一天，院里通知下午所有预科学生一律到大操场集合，由陈赓院长宣布学生进入本科各系的名单。没想到陈赓院长宣布父亲进入海军工程系，当时父亲又惊又喜，这毕竟是父亲心中的第一志愿。就这样，父亲被分配到海军工程系舰艇设计与制造专业。

1954 年 9 月，父亲进入海军工程系舰艇设计与制造专业学习，本科四年加上预科一年，学制五年，比当时南京大学、上海交通大学等高校要多读一年，一共学习了三十多门课程。学习是相当紧张的，五年中名义上有星期六、星期日，实际上一周七天学生们都在教室里学习，而且只有周六晚上学习时间不受限制，平时要遵守部队作息时间。父亲所在的班级从入学到毕业有四分之一的学生因学习跟不上而被淘汰。因此，父亲在学习上不敢有丝毫懈怠。

临近毕业时，父亲的毕业设计是设计一艘新型的快艇，因此父亲和同学们去海军青岛基地快艇支队进行了为期一个月的快艇海上航行实习。父亲回到哈尔滨后，学院主张要搞真刀真枪的毕业设计，反对纸上谈兵，因此父亲又参加了水翼艇模型试验，测试各类型水翼的性能，看哪种方案的阻力小、航速快。八月份后，组织又调父亲参加我国第一艘气垫自航实艇的实验研究工作，在呼兰河上进行过多次试验。

父亲与同事在学院门前操场合影

（前排左一为父亲刘文龙）

哈尔滨十月之后，天寒地冻，湖面上无法再进行试验，于是父亲就转到大连市的旅顺口海军旅顺基地4810工厂。两年多时间，只要天气合适，就进行海上自航试验，其余时间进行了几十条气垫模型陆上性能试验。海上自航艇可装载10人左右，曾在大连市某海滩给海军党委领导进行过登陆表演。父亲的三位老师顾懋祥教授、恽良教授、李桓副教授，三位由海军航空兵调来的飞行员及地勤人员，毕业班7名学员，还有第三期四个学员曾参加过试验。由李桓、恽良和父亲三人组成临时党支部委员会，李桓担任书记，恽良任宣传委员，父亲为组织委员兼保卫委员，试验组的组长由恽良担任。父亲除了做好业务工作之外，还要负责确保资料的安全完整，不得有任何闪失。

哈军工气垫船研究试验小组是国内最早进行气垫船试验研究的团队之一，取得了很好的成果。实际上，我国是气垫船长航试验取得成功最早的国家，我国于 1959 年 7 月 12 日长航成功，而英国是 1959 年 7 月 25 日长航成功，我国比英国早了 13 天。正如当时《新民晚报》上一篇文章中讲的“保了机密，丢了桂冠”，确实当时由于保密，没有及时对外公布。

1959 年哈军工海军系毕业照片

（上数第一排右二为父亲刘文龙）

神圣的三尺讲台

1958 年，父亲毕业，因为科研项目才开始不久，因此长期在旅顺从事气垫船的试验研究工作，无暇顾及毕业后的去向问题。1961 年初，在旅顺进行的海上气垫自航艇试验暂告一段落，全组撤回哈尔滨。学院海军工程系黄主任安排父亲担任“58 级”（1958 年入学的学生）学生“舰船阻力”课程的讲授。在课程结束时，系里组织了学生“评教评学”，学生反映较好。当时顾懋祥教授也参加了会议，“舰船阻力”课原来一直是顾教授主讲的，顾教授对父亲授课的能力很认可，从这以后，他就很放心地将“水面舰船阻力”这门课交给父亲主讲了。接着父亲又连续给“59 级”“60 级”“61 级”学生上了“水面舰船阻力”课，同时连续两次给“60 级”“61 级”学生辅导了“船舶推进”课，并指导了

他们进行螺旋桨的课程设计。

父亲的老师顾懋祥院士曾讲过，给学生上课就好像给他们倒杯水喝，你肚子里只有一壶水显然是不够的，你要有大江大河那么多的水才行，才能运用自如。知识的海洋是无限广阔的，只有掌握广博的知识，你才能得心应手，运用自如。在前辈的帮助下，父亲下定决心，一定要不断充实自己。父亲除了上课、辅导外还主动要求参加数学、力学班听课，学习了"复变函数""特殊函数""数学物理方程"等课程。三年多的努力使父亲在业务上有了较大的提高。

1968 年，上级要求学院帮黑龙江省设计一艘快速航道工作船。系里最后确定由父亲担任该设计组的组长，负责阻力计算和船模试验工作。父亲先后设计了四艘浅水快速船，其中"长城"号的航速达到了每小时 36 千米，这在当时三江(黑龙江、松花江、乌苏里江)中是航速最高的船，船员称它为"三江之王"。该船的型线图是由父亲独立设计和绘制的，快速性计算也主要由父亲完成，该船型线图刊登在人民交通出版社出版的《内河船舶图册》上。1969 年黑龙江省边防部队要求为边防 506 艇设计一艘螺旋桨，该艇为一艘老旧炮艇，资料很不全，阻力方面的资料一点也没有，仅有几个主要尺寸，父亲只好根据几个简单的主要尺寸数估算出船的大致方案系数，采用近似公式对该艇阻力进行估算，再用螺旋桨有关设计图谱对螺旋桨进行设计计算，并绘制了螺旋桨图，交给了部队。据后来边防部队反馈，506 艇的航速每小时比原来提高了约 1 千米。

1972 年，父亲担任船舶原理教研组组长，教研组最多时有 32 人。1973 年黑龙江防汛指挥部要求他们帮助设计一艘防汛指挥艇。当时哈军工主体已搬长沙，原海军工程系变成了船舶工程学院。父亲的专业变成了造船系，以造船系原理、结构、设计老师为主加上轮机、电气专业几位老师，共十多人组成了防汛指挥艇设计小组。领导考虑父亲有组织设计航道工作船"长城"号等船的设计经验，决定由父亲兼任防汛艇设计组组长。父亲除负责整个设计组的组织、协调工作外，还负责该艇的型线设计与绘制、船舶原理方面计算与审核、船模阻力试验研究、部分总体图纸，以及部分图纸校对和审核工作。

1976 年，学校提倡去工厂开门办学，因此父亲在广西柳州 434 快艇工厂进行授课。父亲主要从事“舰船原理”课程教学，特别是快速性方面。在工厂开门办学期间没有什么具体的教学任务，主要是负责教学的组织协调工作。父亲主动提出给“75级”学生辅导高等数学，通过这次辅导父亲对高等数学的基础知识掌握得更加扎实了。在柳州的开门办学活动取得了很好的效果，系里还让父亲在全系大会上做过经验介绍。

哈军工大院的生活

父亲是一个待人坦诚、谦和之人，是一个尊重别人、热心帮助同志的好人。哈军工大院31号楼晚上经常灯火通明，很多学生在学习。当时天寒地冻，晚上父亲在家烙好饼送到教室，给学生当夜宵。父亲带着我和学生一起加班，当时母亲不在哈尔滨，在学校和父亲一样大的同事很多，孩子年龄也都差不多，父亲经常帮助同事接送孩子，有时候自行车上坐了好几个小孩，父亲慢慢推着走。在雪地里经常看到他这样的身影，我大了一点后，父亲还经常让我帮同事家里挖菜窖、换煤气等。

【我与父辈】

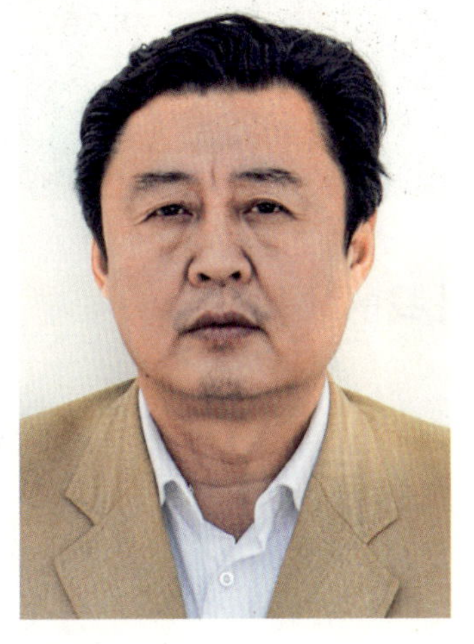

刘晶，1962年12月21日出生于南京，南京市民革党员，13届南京市政协委员，改制前任南京市航运管理处工会主席，后在南京市交通运输综合行政执法局工作，已退休。

父亲无论在哪个方面都是我人生的楷模，我永远怀念我的父亲，永远怀念在哈军工的难忘岁月，永远怀念那充满阳光快乐，朝气蓬勃的哈军工大院。

永远的哈军工
——忆我的父亲唐光勋

（作者：唐明辉）

【父辈简介】

唐光勋，1909 年出生，四川省资中人，电机专家，1934 年毕业于浙江大学电机系，重庆大学教授，1954 年调入哈军工。曾创建了三系的舰艇消磁专业（八科），并由国防部任命为八科主任，曾任黑龙江省电机工程学会小电机分会副理事长，中国电机工程学会理事，全国电机工程教材编委会委员。

【我的父辈】

服从祖国需要　毅然北上哈军工

1954 年，父亲唐光勋在重庆大学任教授，为电机系电工教研室主任。一天，校长找到父亲，说上面要调他去部队院校工作，并且递给父亲一个文件。父亲打开一看，调他去哈军工的文件最后的签名竟然是“周恩来”！父亲说：“是周恩来同志亲自点我唐某人的名。”父亲深感责任重大，欣然北上。就这样父亲带着全家从南方的重庆去了冰天雪地的哈尔滨。

父亲是1953年后第二批调入哈军工的18位老教师之一。当时的交通工具远没有现在发达，从重庆到哈尔滨要坐江轮到武汉，再转京广铁路坐火车到北京，再转京哈线铁路坐火车到哈尔滨。1954年发大水，船行途中不时有顺流漂下来的衣物、树枝、家具等。突然有人喊道："有人！"原来有些溺水的群众也顺着江水漂过来，船员开始尽可能地营救。在一群救援的人中有个戴眼镜的文弱身影，而那正是作为乘客的父亲。

父亲和全国人民一样，对新中国充满了激情。当时新中国成立没多久，各方面条件都很差。哈军工给父亲发了一笔搬家费，父亲觉得应该尽量节省着用，以至于最后我们搬家携带的行李中竟然还有草席。到了武汉要住下来等火车去北京时，父亲找了一家低档的旅馆住，还是觉得太贵。一路上父亲带着全家省吃俭用，到了哈尔滨搬家费还剩很多，父亲把剩余的费用全部交回了哈军工财务。

我们全家调往哈军工时，大哥在重庆南开中学上高中。因为大哥上学学的是英文，而哈尔滨中学学的是俄文，所以大哥没能跟家里同行，一个人留在重庆上高中。临近高考前的一学期，父亲给大哥写信，要大哥一定报考哈军工，要求大哥好好复习。当时哈军工录取分数跟清华一样，大哥的压力很大，以至于考试没有发挥出他最好的水平。直到收到哈军工的录取通知书，大哥才松了口气。

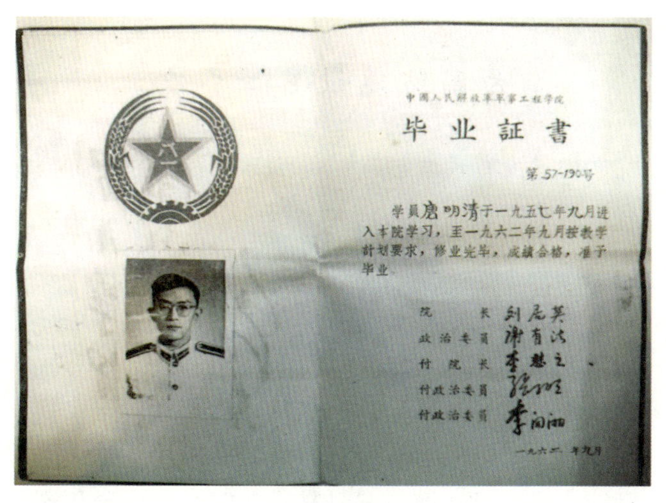

中国人民解放军军事工程学院

毕业証書

第57-190号

学員唐明清于一九五七年九月进入本院学习，至一九六二年九月按教学計划要求，修业完毕，成績合格，准予毕业

院　　长　刘居英
政治委員　谢有法
付 院 长　李懋之
付政治委員　[illegible]
付政治委員　[illegible]

一九六二 年九月

大哥的毕业证书

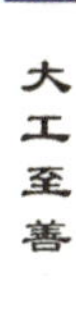

大工至善　大学至真

大哥进入哈军工三系学习。哈军工从第二期学员开始，在预科教育中实施了入伍教育，通过实际作业，巩固学员所学的专业技术和战术知识，为今后严格的军旅生活做好准备。大哥他们那批还都是不满20岁的应届高中毕业生，带着考上大学的兴奋，穿着新军装，憧憬着未来的学习生活。几日之后，军训开始，学员在院内大操场里每天接受8小时的“立正”“稍息”“齐步走”等士兵基本训练，在风吹日晒雨淋下卧倒匍匐前进。不久，这些中学时期的骄子们就感受到了腰酸背痛、大腿红肿、手脚起泡的滋味，感受到了这所大学跟他们心中象牙塔似的大学的区别。一天父亲把大哥带到他的房间，指着书桌上厚厚的文档说：“我编教材备课每天要忙到凌晨两点甚至更晚，当然体力上不如你训练辛苦，但我是学英文的，现在要用俄文，这么大年纪重新学一门外语谈何容易。你中学也是学英文的，军训完上课也要学俄文了，很辛苦的。上次你说过你们那里有个学员是华侨，牙齿牙套是真金的，他训练得怎么样呀？他……”大哥刚想往下说什么，回头一看，父亲已经走出了房间。父亲的威严和教导是无形的。从头到尾父亲虽然没说什么，但大哥的心里已经明确了自己的方向。在这之后，大哥在哈军工五年，经过千锤百炼终于成为一名合格的军人。1962年，大哥毕业后进入海军装备部，参加了我国第一艘核潜艇的研制工作。父兄二人，一个在北国哈军工大院，一个在北京海军司令部大院，同时为国防建设做贡献。

为国防建设尽心尽力

哈军工创院之初，没有现成的教材，而苏联专家并不直接参与教学，父亲等老教授只有自己编写教材。在当时全面学习苏联的环境下，只能参考苏联的资料。父亲是学英文的，在重庆大学时甚至以前都是全英文授课，而俄文要从头学。教材编好了还要讲，除了讲课还有科研。父亲书桌的台灯经常一亮到天明。

后来父亲从一系调到三系任教授会主任、船舰电机专业科主任。当时他与苏联专家关系不错，在研究潜艇推进电机时，说起了磁性水雷对舰艇的威胁。军舰作为钢铁战舰本身在航行和日常作业时会产生磁化现象，而磁化的舰船本身具有与地磁磁场不同的特征。因此早在第二次世界大战期间，德国就最先研发了磁引信原理的非触发型水雷，同盟国被德国磁性水雷炸伤炸沉的舰船达 1 117 艘。即便在现代，磁信水雷依然是舰船的隐性杀手，实施海上封锁的重要水中兵器。海湾战争中，美国宙斯盾巡洋舰“普林斯顿”号就曾被伊拉克布设的两枚磁引信水雷炸得不得不退出战场。苏联专家讲到苏联有相关的消磁技术，父亲很有兴趣，经过一段时间从苏联引进相关资料和学科内容就创立了我军的一个新专业——舰艇消磁专业，培养出我国海军第一批消磁技术人才。

我曾见过母亲拿出父亲的任命书，对开的，合起来相当于竖着的普通信封，大红封面印有竖写的“国防部”三字，里面竖写着（大意）任命唐光勋同志为军事工程学院三系某科主任，落款为时任国防部长和手写体的印鉴。三系的消磁专业于 1962 年整体移交给海军工程学院。

父亲（前排右三）与苏联专家合影

老教授们在哈军工的工作生活是愉快的，党的知识分子政策在哈军工大院里得到充分的体现。有一次过年，父亲带全家参加三系大楼的联欢会。海军学员军容齐整地分列两旁，对教授们高呼“教授新年好！”，二哥回忆说当时情景十分震撼，至今犹在心中回荡。

哈军工教授每年可以休假一个月，而父亲全身心投入教学和科研从未休假。

直到有一次系领导见父亲长期劳累身体受影响，坚持要他休假，这才有了父亲唯一的一次休假。当时父亲在大连海边，系主任黄景文等领导还写了封信表示关怀。

教授“站岗”一心为校

我家最初住在哈军工 65 号楼。一天中午上小学的二哥放学回家，走到靠近家门洞时远远望见几个人在忙碌着什么，边上有个熟悉的身影站立着似乎站岗一样。走近一看，“站岗”那个人原来是我的父亲。地上在施工，摆着一台笨重的电焊机之类的轰轰响的机器，四五个工人在工作。现场没有围栏、警示牌等，更要命的是四五根电线伸展在地面上。边上站立着的父亲对二哥说，这些电线都是高电压的，小朋友放学回来容易绊倒，摔跤不说还有可能触电，甚至有生命危险。父亲从下班就在那里“站岗”，担心出现安全事故。我的母亲也巾帼不让须眉，积极参加工作，担任绘图员。那时没有电脑，图纸都是人工绘的。母亲时常将三四岁的我一人留在家中，出去上班。

父亲 1979 年在无锡全国中小型电机学术报告讨论会上

1963 年，父亲调离哈军工，前往合肥工业大学任职，他万般不舍地离开为国防教育和科研辛勤工作了 10 年的地方。离开哈尔滨那天，刘居英院长亲自到哈尔滨火车站送行，刘院长和父亲两人在站台上握手言别。二哥记得当时刘院长说："唐教授，共产党不会忘记你对哈军工的贡献，到了地方以后，我们还是一家人，以后有什么事情，尽管来找我。"

我离开哈军工时才 5 岁，只是朦胧记事，但哈军工情节却深深刻在我的脑海里。与我差不多大的哈军工子女亦是如此，更不用说比我年长的包括我哥哥姐姐在内的哈军工子女了。对哈军工培养的学员，绝大部分用人单位都是交口称赞。哈军工可以说是一个榜样和传奇。

【我与父辈】

唐明辉，家中幼子，1958 年出生于哈尔滨，后跟随全家迁往合肥工业大学，并毕业于合肥工业大学电机系发配电专业，现定居加拿大。

我们全家 6 口人，有 3 人直接和间接通过哈军工为国防做贡献。另外 3 人也在哈军工这个大熔炉中留下了深深的烙印，被哈军工精神影响了一生并以此为荣。

情系哈军工
——忆我的父亲陈德斌

（作者：张丽）

【父辈简介】

陈德斌，生于 1942 年 7 月，1961 年就读于哈军工导弹工程专业，1966 年毕业。1967—1977 年在哈尔滨仪器仪表厂工作，1978 年回到母校哈尔滨船舶工程学院，历任二系导弹工程专业讲师、学院服务公司厂长。

【我的父辈】

阳春三月，哈尔滨天空飘着清冷的雪花，我走在哈尔滨工程大学的陈赓路上，转而又向北海路走去，仿佛那里有一束光吸引着我，不时触摸着我心底的柔情。路旁的杏树感知到了几分春意，光秃的树干上叶的苞蕾还孕育蜷曲在枝头，微微露出新绿的苞芽，树梢已在乍暖还寒的春风中慢慢舒展青绿的枝条。我不由自主地走到陈赓大将的塑像前，屹立凝视许久，目光好像穿透过七十年的时光回到 1953 年。回想起过去哈军工历经变迁的峥嵘岁月，不禁怀念起我的父亲——一位普通的哈军工人。

结缘哈军工

我的父亲陈德斌于 1942 年出生在哈尔滨市道外区一个普通工人家庭里，是家里唯一的孩子。爷爷、奶奶并没有因为他是独苗而娇生惯养，父亲是在父慈严母的家庭氛围熏陶下健康成长起来的。父亲性格开朗，自幼学习成绩优秀，多才多艺。1961 年，19 岁的父亲在哈尔滨市第四中学毕业，被保送至哈军工，成为 61-531 班的一名学员。穿上军装那一刻父亲英气逼人，成为爷爷奶奶一生的骄傲。

中国人民解放军军事工程学院 61-531 班学员全体合影

（左起第四排第二位为父亲陈德斌）

因为哈军工是军事院校，父亲所学的专业属于军事机密，所以连爷爷奶奶也不清楚父亲学的什么专业。父亲严格遵守军人职责，回家从来不提学习上的事儿，无论被何人问起，也从来是笑而不答。直到毕业多年后，全家人才知道他学的是导弹专业。1995 年，老宅动迁，搬家前几天父亲整理出许多在哈军工上学和工作时的资料，其中有不少俄文版且年代久远的书籍。我不假思索便提议直接卖废品，父亲坚定地说不可以，而是把资料和书籍拿到后

院一本本烧掉销毁了。他说这是军人铁的纪律，更是责任，即便脱下军装三十年也不能忘记保密纪律。

父亲1966年毕业，哈军工在这一年更名为哈尔滨工程学院，退出军队体制，从部队序列剥离出来，全院人员转业，依依不舍地脱下军装。父亲响应知识青年再教育的号召，到哈尔滨市道外区一家仪表工厂工作，一晃就是十多年。直到1978年，父亲才离开了工作十多年的工厂，重新回到哈尔滨船舶工程学院工作。这时他不再是穿军装的学生，而是一名老师，那年父亲36岁，已经是两个孩子的父亲，他要重新面对挑战，适应新的工作环境，重拾专业知识。

父亲性格开朗、好学勤奋，面对新的同事和一群正值青春、渴求知识的学生们，他潜心钻研，努力弥补十年空白期荒废的专业知识。白天工作时他是教书育人的老师，一到晚上下班后他就变成了风趣幽默的学长校友。记得经常有大学生来我家，找父亲请教导弹专业知识和谈天说地，父亲时而和学生探讨交流专业问题，答疑解惑，时而和他们像朋友一样聊天，客厅里时不时传来大家欢快的笑声。

父亲总说要工作、生活两不误，怀着对学校的感激之情，父亲倾力做好本职工作，以回报母校哈军工的厚爱。他和同事们认真研究课题项目，一遍遍聚精会神地修改图纸。他的办公桌除了一个茶杯、一个笔筒以外没有其他任何东西，就是为了心无旁骛、精密无误地绘图。当时我年龄小，对父亲工作情景没有过多深刻记忆了，但家里现在还有父亲画图时用的铅笔、尺子、圆规等，那时没有先进快捷的绘图软件，每张图纸都是父亲和同事们静心伏案一笔笔画出来的。

一草一木总关情

父亲从1961年初来乍到，到1978年再度回归，我们一家人时刻和哈军工同呼吸共命运。哈军工的发展与变化我和父辈都是经历者和见证者，这里的一草一木、一砖一瓦都是那么地熟悉与亲切，每年都有人慕名来到这里求学、工作，也有人离开这里去谋求更大的天地，施展自己的学识，但我们一家还是坚守在哈军工院里，我在这里结婚生子，孩子继续在这里成长，母亲也在这里安度晚年。

我和妹妹自幼在哈军工院里长大，我在上小学时基本都是半天课，下午父亲就把我接到他工作的11号楼，那时我喜欢在他的办公室里踩着椅子趴在厚重的窗台上看外面的景色。办公大楼里冬暖夏凉，11号楼一楼的门厅有毛泽东同志的雕像，小小的我常常肃穆凝重地注视良久，再轻轻走过。

我对军工院里的一草一木饱含深情。我爱哈军工办公楼的古色古香、灰色古朴，那一色的宫殿琉璃瓦覆盖着屋顶、歇山飞檐和红柱门廊；我爱上下课军号的声音，那嘹亮的军歌是世上最动我心弦的美妙乐声；我爱军工院里溢满书卷墨香的人文气息，爱那三甲后院的小菜园、菜窖、小树林、草丛里的蜂飞蝶舞……我深爱着哈军工的一切。

我们一家对哈军工饱含深情和眷恋，我和母亲至今仍住在哈军工院里。我对哈军工更多的是感恩之情，因为她带给我父亲哈军工人的身份和家门的荣光，这是父亲一辈子的骄傲，让我们祖辈后辈一直引以为荣。

哈军工的生活环境朴实无华，这里的有些教授还喜欢种地过田园生活。那时学校除了办公楼、学生宿舍楼等用地外，还有一些闲置的空地，长着郁郁葱葱的树木和野草。在那些野草丛中隐藏着各家菜窖和菜地，一到春天来临，教书育人的教授们都会在闲暇时间肩扛锄头，头戴草帽，脖子上挂条毛巾，脚穿解放胶鞋，来到自己开荒的地里开始挥洒汗水。

哈军工在我眼里不仅仅是一所著名的学府，它润泽于心、沾馥后人，延续着一代哈军工人的精神，她在岁月里不染尘埃，与我血脉相连。哈军工是我和父亲心中不落的红日，红彤彤永不褪色，蓬勃朝气，哈军工——永远不朽的丰碑！

【我与父辈】

陈晨，陈德斌长女。我父亲是位普通的哈军工人，在哈军工求学时遵守纪律，刻苦学习，1978年调回哈军工工作，重拾旧梦回到他心爱母校任教更是如鱼得水，父亲迸发出极大的工作热情，与同事和学生结下了深厚的同事情和师生情谊。父亲一生没有做出惊天动地的成绩，但他时刻以哈军工人严格要求自己，认真对待工作。他热爱岗位、关心家人，对我和妹妹影响深远。从他身上，我们学到脚踏实地做事，谦逊待人，心存美好，保持质朴善良的

本真，积极乐观，助人为乐的高尚品质，使我一生受益匪浅。

本文章由陈晨口述，中国散文学会会员、北大荒作家协会会员张丽主笔。

1998 年陈晨与慈父陈德斌合影

作者张丽

我的父辈
——忆我的父亲高寿祖

（作者：高翔）

【父辈简介】

高寿祖，1925年7月生于江苏省镇江市，1949年6月本科毕业于国立南京大学（原国立中央大学）工学院机械系，毕业后参军，任第二野战军一级技师。1953年3月从第二野战军调入哈军工，开始了教师生涯。1970年7月开始在哈尔滨船舶工程学院自动控制系担任系领导，1979年1月调到国防科工委任职。

【我的父辈】

艰辛求学　光荣参军

1937年底，日本侵略者对江苏省镇江市进行轰炸，祖父带着年仅13岁半的父亲和16岁的伯伯向长江中游方向逃亡避难。父子三人到达湖北省武汉市后，一边躲避飞机轰炸，一边挣钱糊口。

1938年的夏天，正值读书年龄的父亲和伯伯希望能够继续上学，于是祖父找到在武汉的江苏省同乡会负责人，经相关人员特批后，准许父亲与伯伯进入位于湘西的江苏失学（青年）工读服务团学习。兄弟俩与同学们在工读服务团老师的带领下，从武汉乘船来到了位于湘西浦市古镇的江东寺校区。学

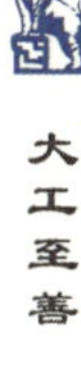

生们都是住校生，他们除了学习文化知识外，还按不同的年龄段学习一些力所能及的劳动技能。

父亲在浦市古镇的工读服务团读了两年的初中课程后，学校因故被迫解散，父亲等几位年龄较小的学生则被转送到位于重庆的江苏省立联合中学(后改为旅川临时中学)继续学习。父亲和几位同时转去重庆旅川临时中学的同学在读了一个学期之后，决定换一所更好的学校，于是他们一起离开重庆，辗转来到了四川省合川县(今重庆市合川区)。1940 年的 9 月 1 日，父亲经过一番周折后考入了合川国立第二中学的高中部(抗战后迁往江苏常熟，改名为江苏常熟中学)。在合川念高中的三年期间，父亲和同学们见证了日本侵略者的飞机狂轰滥炸、低空扫射无辜国人的罪行。同学们义愤填膺，纷纷表示为了今后不再受敌人欺负，一定要努力学习科学技术。

1945 年 8 月，父亲经过刻苦努力通过了国立中央大学的初试，进入复试阶段，这表明他已跨入了该大学的门槛。周围的学长们戏称这是双喜临门，因为他是在抗战胜利声中考上的大学。1949 年 4 月，南京解放，解放军同时接管了国立中央大学。此时我父亲已经读完工学院四年机械专业本科，临近毕业的他正准备找工作。同年 6 月份，某报纸上刊登了解放军第二野战军后勤部招考技师的布告，要求应聘者必须是大学工学院的毕业生，考试科目是机械系的几门课程。学校军代表鼓励机械系毕业班的学生们前去报考，父亲与一些同学响应号召前去应试，父亲被录取，被定为一级技师，于 6 月 26 日到解放军第二野战军后勤部工程大队制造部报到，并穿上了新军装。经过一段时间的新兵训练，父亲已经适应了部队生活。同年 8 月，父亲在部队收到了寄来的毕业证书。

父亲的毕业照

新中国成立后，驻扎在南京的解放军第二野战军大部队向解放大西南进军。父亲所在的工程大队是一支装载维修设备的车队，跟随大部队负责维修军用器械。工程大队一路历经艰辛，经由河南和湖北两省进入四川省，于 1950 年 1 月 10 日抵达重庆。几天后父亲被临时抽调，参与接管国民党军队的辎汽兵团。之后在四川省的两年多时间里，父亲又先后两次被调动工作，一次是到解放军第二汽车学校实习厂任职，另一次是到西南军区后勤运输部工厂管理处做技术辅导员。

执教哈军工

1953年初，父亲接到厂办公室通知，让他到军区招待所招生办报到。他赶到了招待所，从招生人员那里得知原来是军委准备成立军事工程学院，要通过考试的方法从军队中挑选一批理工科大学毕业的人员去当助教，而我父亲则是被指定参加考试者的人选之一。考试范围是大学读机械工程专业的3门课程：微积分、应用力学和机械设计。父亲此时大学毕业已经有三四年，感觉所有课程都有所遗忘。第二天考试开始，上午、下午各考一门，共考了一天半，最后半天是到医院体检，其检查的认真程度有点出乎大家的意料。

1953年3月下旬，父亲接到了去哈军工担任助教的调令。他与另一位助教及新学员等20人匆匆从重庆的南岸龙门浩码头乘船启程，前往遥远的、未知的目的地。轮船到了武汉，他们在大智门火车站买到了经丰台转车到哈尔滨的硬座通票。开往哈尔滨的火车在丰台站停下后，父亲他们便登上了火车。火车出山海关后，气温已经相当低了，父亲他们几个属于西南军区的军人，穿的棉衣比华北军区发的棉衣要薄得多。他们20人当中大多数是来自云南省军区的，发的棉衣更薄，棉花少得与夹衣差不多，戴的所谓棉帽其实里面根本就没有棉花。第二天早晨，父亲他们抵达哈尔滨火车站，一下火车大家都冷得直发抖。哈军工负责接站的人把他们带到有暖气的候车室，一会儿便有人给他们送来了东北地区的冬装，他们赶紧换上厚厚的棉衣裤，戴上棉帽并放下帽耳，穿上厚毛袜和毛皮鞋，戴上毛手套。父亲说有生以来第一次穿这么厚的棉服，都迈不开腿、走不动路了。他吃力地走出火车站，爬上接他们的带顶棚的卡车。

火车站离哈军工不远，卡车开了一刻钟就到了。我父亲最后一个费劲地爬下车，迎面一阵刺骨的寒风刮过来，脸部像被针扎一样疼痛。父亲说这时他才算是真正尝到了黑龙江的“风味”，是给他在此生活上的第一课。

父亲到哈军工报到后，得知从全军共调来了206名助教。因为哈军工是

新建的院校，第一年只有一年级的学员，教员暂时用不了那么多，包括我父亲在内的大多数助教被分配到了基础课教授会。当年被分配到基础课教授会的助教们，绝大多数没有当过教员，因此学校从地方院校调来老教授们给这些助教上指导课，培养他们成为合格的辅导小班上练习课的助教，同时要求每个教授会也要培养出个别能上大班课的教员。很快，父亲用了半年时间就成长为第一批能上大班课的教员。

哈船院 30 周年校庆期间，父亲参观实验室

从 1953 年 9 月哈军工建成后的第一个新学期开始，父亲就承担了给 140 个学员的大班(7 个小班合在一起)讲授画法几何课程的任务。当时哈军工的大班课都安排在上午进行，每次两小时，中间休息 10 分钟。授课的教员在当天下午必须到上大班课的教室去答疑，如果不同的学员提出不同的问题，教员要分别予以解答。哈军工根据苏联军队院校的做法，合班上大课的课程，课后每个小班还要上辅导课(俗称小课)，主要是指导学员完成作业。教员在学员晚自习时必须去教室加班，对学习吃力的学员单独进行辅导。

哈军工的第一届学员也是从全军各部队经考试合格后调来的。次年，学院决定第二届的新学员以地方高中毕业生为主，一批招生人员被派到全国各地挑选新生。父亲因为已为第一期学员讲了两学期的大课，对作为军队院校的新生应该具备哪些基本素质有所了解，学院指定他参与招生工作。

1954 年 7 月，父亲按规定日期到招生组报到后被分在东北招生组。东北招生组共有 10 多位人员，由政治部的 1 位处长带队。他们将沈阳火车站附近的军区招待所作为东北招生组的基地。东北招生组到了沈阳基地后，先是用了两天的时间学习招收新生的各项政策，掌握哈军工学员必须具备的基本条件。组长为了高效有序地进行工作，将所有人员分成若干小组，每个小组由政工干部、教员和医生各 1 人组成，分别到各省教育厅所指定的中学，对学校推荐的优等生从德、智、体三方面进行审查。由于是免试入学，因此小组每到一个学校，都对被推荐的所有学生进行反复比较，才能最终敲定选择。

在某所学校初步确定了保送哈军工的学生名单后，针对某些学生认为去哈军工是学打枪打炮的事，招收初中生去就足够了，让高中生去完全是“浪费人才”的思想，该校的校长希望招生组能与学生见面谈一谈，做做思想工作。

第二天这所学校召开了保送生大会，先是宣布了保送生推荐名单，然后学生开始提问。果然有学生提出了“浪费人才”的问题，由于父亲事先有所准备，便沉着地予以回答：“关于这个问题，我先讲一个战场实例吧。在第二次世界大战期间，德军进入苏联纵深区域后，炸毁了所有河流上的桥梁，企图破坏前线的后勤供给系统。然而苏军汽车运输照常畅通无阻，德国战机虽沿着河流日夜侦察，但除了被炸断的桥梁外，连一个浮船搭成的临时桥梁都没有发现。原来是苏军的一位桥梁专家，设计了水下桥梁，它的整个桥面在水面以下约一米，当德国战机飞走后，汽车、坦克照常能通过，这种桥梁是德国战机在高空无法发现的。”我父亲接着说：“这就说明军队也要有高科技人才。哈军工不是培养‘只会打枪打炮的人’，而是培养具有设计枪炮、坦克、飞机、军舰，以及军用桥梁、国防工事的高科技军事工程师。”大概是父亲的讲话起了作用，当时被保送的学生都高高兴兴地报了名。

临行前一天的晚间，父亲等招生人员将新生们集合在一起，将其分成了几个小组，并为每个小组指定了小组长，以便沿途可相互照应。最后由招生组组长向新生宣布，从即日起，大家已成为哈军工的学员，并按照规定享受相应的待遇，然后介绍了次日出发乘火车等途中必须注意的问题。到达哈尔滨火车站后，父亲他们指挥新学员在站台上列队，并向哈军工来接站的负责人员点清了新学员人数。然后接站的人员领着新学员出站，登上等待在站外的几辆汽车，开往目的地哈军工。至此，父亲他们承担的东北地区哈军工第二届招生任务顺利完成。

投身科研报国之路

父亲自从1953年3月入职哈军工后一直在基础课部教书，但他始终存有大学的基础课应该与专业课相结合的想法，认为基础课教员应该在专业教研室工作数年后直接从专业教研室开基础课，有着专业知识的基础课教员才能教出能够快速掌握学以致用本领的学员。鉴于这种思路，我父亲在1965年就积极参与了三系（海军工程系）的科研工作，在他取得一些成绩后，学院干部部决定将我父亲调到三系。

父亲在31号楼前留影

1970年哈军工分建，除了三系留在哈尔滨成立哈尔滨船舶工程学院外，其他系别和基础课部全部迁往外地的若干城市。由于我父亲在之前已经有了调到三系的文件，他选择留在哈尔滨，加入哈尔滨船舶工程学院四系（自动控制系），继续进行科研工作。因为父亲在哈军工基础课部担任过教研室副主任，并且也参加过三系的科研工作，他被任命为哈尔滨船舶工程学院四系副主任，除了完成一些教学任务外，主抓科研项目，在当时称为双肩挑领导。我记得那时他经常带领系里的相关教员长期在上海某工厂出差，攻克科研难关。

1978年冬，军委国防工业办公室要成立教育局，从所属各国防工业部门的高等院校抽调10名人员。父亲从各大院校推荐上去的40人之中脱颖而出，从此离开工作生活了二十几年的哈尔滨来到北京，先是在国防工办（后来改为国防科工委）教育局工作，之后转到科技部直到离休。父亲离休后仍然在为国防事业做贡献，其中包括主持编辑一种国防科技方面的杂志。

离休后92岁的父亲

【我与父辈】

高翔，高寿祖之女，哈尔滨船舶工程学院77级计算机系毕业生。父亲谦逊、善良、勤奋、节俭的作风与为人深深地影响了我，让我受益匪浅。他80岁开始学习用计算机打字，学会了用Word软件编辑图文并茂的文章。父亲活到老学到老、生命不休工作不止的精神十分可嘉，是我们后辈学习的榜样。本文的素材取自我父亲80多岁用计算机写作的回忆录。我谨以此文深切怀念我敬爱的父亲！

国防英才　妇婴福星
——忆我的父亲胡寿秋、母亲余幼絜

（作者：胡和平）

【父辈简介】

父亲胡寿秋，1917年生，我国无线电通信领域专家，哈军工海军工程系、电子工程系及国防科技大学电子技术系的奠基人之一，教授、上校军衔。

母亲余幼絜，1916年出生，哈军工医院妇产科医生。

【我的父辈】

父亲与哈军工

我的父亲出生于哈尔滨市扬马架子（贫民区）一个理发师家庭，是家中唯一的孩子。父亲从小就生活自立、学习勤奋、成绩优秀。1931年日本侵占东北三省，父亲刚刚小学毕业。一位家庭富裕的人家想找一个儿子的同学陪伴其儿子去南方读中学，选中了我父亲。作为回报，他们愿意资助我父亲全部中学费用。就这样，父亲在江苏省南通等地读完了中学。1937年，父亲以优异的成绩考取了武汉大学的公费生。1938年武汉沦陷，武汉大学被迫南迁四川省的乐山，父亲跟随学校辗转迁移，在艰苦的战争年代完成了学业。艰难的求学经历，对于父亲此后的人生道路产生了深远影响。

1941 年父亲从武汉大学电机系毕业后，设计出我国第一部军用步话机。1945 年，父亲考取了公费出国留学生，赴英国皇家空军雷达学院学习，1947 年学成回国，先后任职于南昌大学电机系、华中工学院（即华中科技大学）电力系。

1954 年 6 月，父亲接到哈军工的调令，即刻告别妻儿老小，满腔热血、义无反顾地奔赴肩负强军兴国使命的哈军工。临行前，在武昌喻家山下，父亲为我们姐弟三人重新起了名字，分别为和平、亚平、世平，体现出他对世界和平的深切期望。

1955 年，父亲与赵国华教授、慈云桂教授成为哈军工首批研究生导师，在海军工程系开哈军工研究生培养之先河，设立了海军工程系第一届研究生课程，父亲负责讲授无线电发送和接收设备等课程。

父亲胡寿秋在讲课（1956 年）

20 世纪五六十年代时我还是一位孩童，因为父亲的工作属军事保密性质，所以我对他的工作几乎一无所知。但我们眼中的父母亲，都生活俭朴且工作勤奋。父亲在家时，总是笔耕不辍、孜孜不倦地编写讲义。一杯茶水、一包纸烟、一把计算尺、一摞外文书籍，伴随父亲度过了无数个寒暑日夜。父亲

的书房里，最多的是外文书籍；父亲的书桌下面，红漆地板都被父亲的拖鞋磨出了两个清晰的脚印。

父亲胡寿秋在指导青年教师(1956年)

父亲在哈军工先后担任海军工程系312教授会主任、海军工程系无线电通信科主任、电子工程系五科主任、401教研室主任。1970年父亲随学校迁往长沙，1979年任国防科技大学408中心实验室主任、教授，著有《无线电发送和接收设备》(上、中、下三册)，参加了瞬间高功率发射机、单脉冲体制的炮瞄雷达接收机、715、东风5号等多个型号任务的研制工作。

父亲和我们

父亲是我们学习科学知识的引路人。虽然父亲工作很忙，但他用自己特有的方式关爱着我们每一个孩子。父亲经常天南海北地到全国各地出差，会带回些我们期盼的小玩具，比如弹射降落伞、燃油发动的小汽艇，都和科学技术有关。有一次，他带给我们的是北京定陵出土文物的立体胶片。后来父亲专门做了一个立体镜箱，让我们看到了三维立体空间效果。通过小小的玩具，父亲让我们认识到里面的物理学知识。

父亲鼓励我们主动进行课外学习、独立思考。记得小学时，父亲带我到哈尔滨市中央大街的外文书店去订书。我们一半路程坐车，一半步行，行至南岗和道里两区结合处，我们上了趟公共厕所，出来后他问我对这个建筑印象如何？我说："造型独特，是个立方体，里面回字形走廊怪怪的，都搞不清方向了。"父亲接着又问我它有什么优点？我想了想答道："它有四个门，可以接待四方来客；它四周密闭不通透，冬季保暖好；回旋式的过道，是不是臭味不扩散，集中向上排出呢？"一路上我们边走边说，父亲不断地开发我的认知，启迪我的智慧。

父亲还是我们学习的好导师，他鼓励我们迎难而上。1977 年全国恢复高考，仅有小学文化水平、下乡返城后当车工的小弟在父母的鼓励下，报名参加高考。父亲为他找学习资料、制订教学计划，仅用了半年多的学习时间，硬是把小弟送进了大学的校门。父母常教育我们，知识就是力量，知识改变命运。小弟通过自己的努力，完成了大学和研究生学业。小弟是我们三姐弟中最有出息、对国家贡献最大的人。

母亲和我们

我的母亲余幼絮，1916 年出生在浙江省余姚的一个富裕家庭，受过良好的启蒙教育。她心灵手巧，会编织毛线、绣花，写得一手好字，能做出美味可口的江南饭菜。母亲在家乡念完小学后独自一人去杭州读书，后来考入德国人办的上海中德助产学校深造，毕业后留在上海中德助产医院(现为上海市卢湾区妇幼保健院)工作。母亲因医术高超、工作责任心强、待人和善，从 20 多岁起就是助产医院中少数几个有资格出诊的助产士。

母亲与父亲经人介绍相识，并于 1948 年在上海市结婚。父亲到哈军工后不久，母亲便带着公婆和我们三个年幼的孩子，不顾南方洪水泛滥，奔赴东北与父亲团聚。当时铁轨两侧洪水滔滔，火车就像在水中行驶一样，吓得我不敢乱说乱动。我非常佩服母亲一个江南女子，却有着当年"闯关东"的勇气和担当。

母亲刚到哈尔滨不久，便被安排在部队 313 医院(马家沟医院)妇产科工

作，1966 年转到哈军工医院(八一楼医院)。母亲不嫌脏、不怕累，工作认真仔细，赢得了上至领导、下到职工的交口称赞。听母亲说过，医院在为每个人评定医疗行业级别时把她的级别和科主任评得一样高。

母亲注重孩子们的身心健康，不仅体现在生活上的关照，还十分关心我们的心理健康。在我们下乡期间，母亲经常来信询问我们的生活、工作情况；在我们和母亲一同生活期间，我们的情绪变化母亲都能感受到，并询问我们遇到了什么事情，给予开解。母亲对我们的爱也延续到了我们的下一代，我们姐弟三人的孩子都是母亲亲手接生的，他们在成长过程中，也得到了母亲的关爱。

母亲人生 90 年，为迎接新生命的到来，贡献了毕生精力。母亲用她的仁爱之心为众多产妇缓解了妊娠时的恐惧和疼痛，用她的仁爱之术将无数新生儿平安地接到人世间，因此也受到了大家的敬重和爱戴。母亲一生工作勤勤恳恳、任劳任怨，她也总教育我们要有敬业精神。2006 年初，母亲因患感冒四肢无力，上厕所时不慎滑倒，造成骨折。做过手术之后，伤口迟迟不能愈合，长时间的卧床又引起了肺炎和心衰。母亲病重期间，我们姐弟轮流在医院陪护她。当时小弟的工作比较忙，领导要安排他去外地出差。小弟与母亲商量，母亲毫不犹豫地说："你去吧，你们研究所里的工作重要。"这竟成为母亲生前留给小弟的最后一句话！

【我与父辈】

胡和平，女，1949 年生于南昌市，哈军工大院里长大，在哈市读完小学和中学；1968 年高中毕业后，下乡到黑龙江生产建设兵团，1972 年返城；1975 年和 1981 年先后毕业于长沙市湘江师范和长沙市教师进修学院，后在长沙市从事教书育人工作；2004 年 11 月从长沙市第六中学退休。

在哈军工建院 70 周年来临之际，我深深地缅怀 20 世纪五六十年代的哈军工和哈军工人。他们之中不仅有身经百战的将军、军官，有像父亲那样一心报国的高级知识分子，还有许许多多像母亲那样兢兢业业工作的普通人。他们从五湖四海来到白山黑水间的哈尔滨，仅用短短十几年的时间，在一片乱坟岗的荒漠之地，建起了我国第一所高等军事工程技术院校，培养了一大批国内顶尖的军事科技人才，在中国人民解放军的历史上留下了浓墨重彩的一笔。

从泰西起义一路走来
——忆我的父亲赵阳

（作者：赵晓鸿）

【父辈简介】

赵阳，1918年出生，1938年1月参加中共山东省委领导的泰西起义，同年4月加入中国共产党，新中国成立前任16军48师副政委兼政治部主任。1958年从中国人民解放军总高级步兵学校（简称总高级步兵学校）调入哈军工，历任炮兵工程系副政委、防化工程系政委、电子工程系政委、院政治部副主任。1965年10月起历任31基地副政委兼政治部主任、基地政委，原总后勤部供应部党委书记，军事医学科学院政委等职。曾获国家二级独立自由勋章、二级解放勋章、独立功勋荣誉章。

【我的父辈】

脱下长衫拿起枪

父亲是山东省肥城人，中等师范毕业后在当地小学当教员，是全家唯一的收入来源。我的爷爷拼全力供父亲读书，原指望父亲能挑起家庭重担，结果没多久父亲就“离家出走”了。

1937年7月7日，爆发了震惊中外的卢沟桥事变。日本开始对中国全面进攻，企图侵占中国。在中华民族生死存亡之际，中国人民全面抗战拉开了序幕。当时，山东省泰西中共地下党员多数是爱国知识分子，如泰西地下党县工委书记、后任全国人大常委会委员长的万里同志，当时的公开身份是小学教员。他们首先在学校里开展抗日救亡活动，号召老师和同学们“脱下长衫，到游击队去”。父亲受到身边中共地下党员的影响，也投入到抗日宣传和组织抗日游击队的工作，并带领一批爱国知识分子参加了共产党的泰西起义部队。

从此，爷爷奶奶寄予厚望的大儿子失踪了，家里唯一的经济来源也断了，父亲音信全无。因怕连累家人，父亲改名为赵阳。1938 年 4 月，经万里、孙光二位中共泰西地下党领导介绍，父亲加入了中国共产党。父亲离休后，有一次我问他：“你都已经当老师挣钱了，怎么就不干了?”父亲语气凝重地说了一句话：“不当亡国奴。”

小时候，我的床上铺着一条旧军毯，我从没注意过。一次，父亲和我们讲了那条旧军毯的来历。父亲说：“打仗一定要勇敢，不怕死。都说日本兵拼刺刀厉害，我在一次战斗中和日本兵拼刺刀，两个回合就把那个日本兵刺死了，那个日本兵的军毯我就留作纪念了，就是你床上的那条毯子。”也许是父亲的遗传，或是军人的孩子胆子大，知道了这块军毯的来历后我并不害怕，再躺在上面反而很自豪。20 世纪 80 年代，父亲的老部队 16 军(由抗战时期的冀鲁豫军区主力部队组建)征集文物，父亲将这条毛毯捐献了。

小时候，我看过一本小说《敌后武工队》，深深被书中的故事情节所吸引，书中那些勇敢、机智、不怕牺牲的武工队员成为我心中的英雄。1994 年父亲去世后，我在父亲留下的资料中发现了一篇回忆文章底稿，标题是敌后武工队战斗片段，写于 1957 年。我如获珍宝一般，立刻拜读。我又查看了父亲的老部队 16 军 46 师战史。在 46 师战史里我看到有大段篇幅记载了父亲这支敌后武工队的战斗历程。

在冀鲁豫抗日斗争最困难的 1942 年，鲁西、豫北一带出现了一支由八路军主力部队组建的敌后武工队。当地老百姓把这支武工队比作当年的梁山好汉，都说武工队人人手使双枪、百发百中，会飞檐走壁，来无影去无踪。谁敢当汉奸，敌后武工队一定找他索命。这是一支由八路军教导 3 旅从所属主力部队抽调，由三十几名富有敌后战斗经验的排级以上干部和几名老战士组

建的敌后武工队，主要任务是深入敌占区宣传发动群众、建立基层抗日政权、锄奸反霸，为抗日政权和抗日武装提供良好的斗争环境。父亲任3旅武工队政委，后任政委兼队长。父亲率领这支武工队深入敌人心脏地区，穿行于敌封锁沟和炮楼据点之间，神出鬼没地斩妖镇奸。

20世纪70年代，有一次我回肥城老家，我四叔说："你父亲真叫绝，杀人留名。当年家里人不知道赵阳是谁，只是觉得这人挺神的。直到新中国成立后，我才知道是我大哥。"在抗日战争中，大浪淘沙，八路军内部也有人叛变沦落为汉奸。在父亲这支武工队除掉的铁杆汉奸中，就有一人曾和父亲是一个部队的，此人是冀鲁豫军区第二军分区机关的一名副科长，参加革命比我父亲早，因丧失理想信念贪图享受，主动投降了日寇，任寿张县伪军大队长。此人对我军情况很了解，又积极效忠日本人，给我军和抗日政府造成了重大损失。一天夜里，父亲率武工队将这个叛徒击毙在家中。

在哈军工的八个春秋

1959年，我家从南京搬到哈尔滨。因为父亲先去了哈军工，搬家时父亲没有回南京，工作忙离不开，所以搬家全过程都由母亲一手操办，母亲带着我奶奶和三个学龄前儿童奔向哈尔滨。当年南京到哈尔滨没有直达火车，要在天津换乘。母亲后来对我说："真是顾了老的就顾不了小的，在天津站你大弟弟还一度走失了，急得我要命，一路上简直跟逃难似的。"母亲是大学生又是南方人，当时在南京市政府交际处工作。过去军人的家属，都是随军四处漂泊的。

我家在南京时，住在孝陵卫总高级步兵学校大院，这个院子很大、风景优美，地处南京钟山风景名胜区。这个大院和哈军工很有缘，人民解放军占领南京后，哈军工的前身——二野军大进驻这里。二野军大随部队西进后进驻重庆，改为西南军政大学，后又改为第二高级步兵学校，再后来就以第二高级步兵学校为基础组建哈军工。二野军大离开南京后，中国人民解放军华东军事政治大学(简称华东军大)进驻这里，华东军大的军事科学研究室(华东军大撤编后，该研究室隶属华东军区司令部)全员参与了组建哈军工。这些国内顶级专家们是哈军工的教学科研骨干力量，这个研究室就是后来所说的陈毅送给陈赓的“聚宝盆”。

华东军大后来改为中国人民解放军第三高级步兵学校（简称第三高级步兵学校或三高步校），再后来以其为基础组建了总高级步兵学校。1952年，父亲由西南军区48师兼泸州军分区副政委调入总高级步兵学校，后来父亲被调入哈军工，来到陈赓大将麾下。

1959年11月，院长陈赓大将向中央军委提出调整哈军工任务的建议，准备将炮兵、装甲兵、工程兵和即将组建的防化4个工程系调出学院单独建校，得到军委的批准。

在哈军工期间，我对父亲的印象就是一个字“忙”。父亲晚上常常回家很晚，周日也很少在家。据我观察，周边的叔叔伯伯们多数也这样。每天早上，父亲必跑到系里和学员一起出操，那时的领导干部很重视表率作用。

1960年初，父亲和炮兵工程系副主任刘君杰受命组建防化工程系。中央军委要求防化工程系在1960年暑假前正式建系，建系的基础就是炮兵工程系的两个防化专科和一个防原子专科，离一个系的规模差远了。那段时间，父亲和刘君杰率筹备组的同志基本没有休息日。因为那三个专科还要保证正常教学，因此筹备组也没几个人。从抽调干部特别是教学人员、扩充编写教材、添置教学设备、新建实验室、上下左右的协调、去防化兵部汇报请示、到各项后勤保障等工作，建系工作千头万绪。虽说有院党委的大力支持及有关部系的积极配合，父亲和刘君杰也要做大量的具体工作，遇到的困难也不少。

1960年6月，哈军工防化工程系正式成立。从刘君杰主任带着几十个人来哈军工建防化专科，到1961年8月防化工程系分建前，教学工作完全步入正轨，教学质量已经和其他系拉齐，仅教师就已达到七十余人，实验室人员也达七十余人，有了系统完整的防化教材，教学设备更是鸟枪换炮了。

防化工程系分建前夕，父亲又有了新的任务。此时，哈军工要落实中央军委批准的两个新系即原子工程系和电子工程系的组建。哈军工新的编制是五个系，一系空军工程系、二系原子工程系、三系海军工程系、四系电子工程系、五系导弹工程系。父亲奉命负责组建电子工程系。

中華人民共和國國务院
任命書

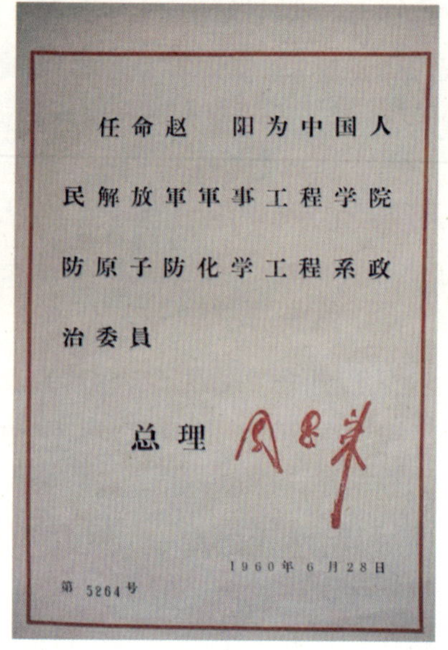
任命赵　阳为中国人民解放軍軍事工程学院防原子防化学工程系政治委員

总理 周恩来

1960年6月28日

第5264号

父亲的任命书

哈军工在整合各系所有电子专业基础上，组建电子工程系。从后来的丰硕成果看，不愧为中央军委和哈军工党委高瞻远瞩的英明决策。1961 年 8 月，电子工程系正式成立。全院大会上宣布我父亲任系政委。1962 年 10 月，周恩来同志任命杜鸣柯为电子工程系主任。说来也巧，父亲与杜鸣柯主任是战争年代的战友。他们分别是 16 军两个师的领导。战争年代的战友，因哈军工重逢，又在一个系搭班子。

电子工程系起点是很高的，当年哈军工电子技术方面的顶尖人物在这里聚齐了。如慈云桂、胡寿秋、易晓东、吴守一、刘景伊、胡守仁、柳克俊等著名教授，都是当时国内电子技术方面的领军人物。电子工程系成立后，多项教学科研成果处于全国领先地位。父亲离开哈军工后任职的 31 基地，就装备了一台电子工程系研制组装的 441b 全晶体管计算机，开始还没有量产，仅配发到 20、21、31 三个试验基地。据 31 基地军史记载，自从有了这台计算机，试验效率和质量大大提高。这台计算机在基地服役了近 20 年，为我国常规兵器试验立下了卓越功勋。1966 年 4 月 1 日，哈军工改制集体转业后，从电子工程系又分出来了计算机系。至今，国防科技大学最著名的两项世界领先成果，巨型计算机和北斗卫星导航系统，都起步于哈军工电子工程系。哈军工电子工程系的老教授们，功勋卓著。父亲离休后，有一次我和父亲聊起哈军工的学员，我问："哈军工学员里出了不少大干部吧?"父亲不置可否，沉思片刻说道："更准确地说是出了很多著名专家和教授"。

我们心目中的父亲

从小，父亲对我们兄弟要求是很严格的。父亲从来是人走关灯，他看不得开着灯而屋里没人，说是不能浪费国家的电，为这事我可没少挨训。父亲一生简朴，要求孩子也是生活上低标准，小时候我们兄弟都是小的捡大的衣服穿。由于父亲很严厉，我小时候真羡慕别人有个和蔼可亲的爸爸。多年后，我家的邻居、我的同学杜东冬，还记得我父亲定期给我们兄弟开家庭会的事。父亲常说的一句话是"不要搞特殊，不要脱离群众。"这句话我是记了一辈子，感觉受益匪浅。

1965 年 5 月，中央军委决定哈军工由中央军委直属转隶国防科委建制。1965 年 10 月，中央军委决定哈军工脱离军队建制，改为地方院校性质的哈尔滨工程学院。1966 年 4 月 1 日，哈军工从士兵到将军，统一摘下了领章、帽徽。小学六年级的我当时不明白是怎么一回事。现在想来，那是一个何等悲壮的场面。改制后用不了那么多干部了，父亲等一批干部陆续调离哈军工。1970 年，改制后的哈尔滨工程学院又迎来拆分，大批哈军工人奔赴全国各地。1965 年 10 月，父亲先是被分配到 31 基地，后来被调到北京。

在哈军工，父亲负责组建了两个系，那里给他留下了太多的回忆。从调入哈军工开始，父亲就和军事高科技结了缘。父亲调离哈军工到离休的二十年间，除去在原总后勤部机关工作的一年半，其余时间都是在试验基地和军事医学科学院工作。离休后的父亲仍然关注着哈军工传人的信息，当父亲看到哈军工六校的发展壮大，令他欢欣鼓舞。当父亲看到有更多的哈军工教员成为国家级的专家，学员绝大多数又红又专成为党、政、军、高科技领域的骨干力量，他倍感欣慰。

近些年，我回过几次哈军工大院。每当我矗立在陈赓大将的塑像前、漫

步在军工操场上、仰望着那几座雄伟的系大楼、行进在居英路上，总是思绪万千，仿佛回到了当年的哈军工。

【我与父辈】

赵晓鸿，赵阳之子，1954 年 2 月出生于南京，1960—1966 年就读于哈军工子弟小学；1969 年 12 月参军，历任吉林省军区通信营战士、无线电技师，原总后勤部通信团装备助理员、营教导员，原总后勤部丰台药材仓库政治处主任，原总后勤部教导大队政委，上校军衔；1998 年 8 月转业到北京市公安局，历任市局纪委科长(副处)、石景山公安分局纪委副书记(正处)，三级警监警衔。

父亲为之奋斗一生的理想信念、不怕牺牲不怕困难的勇气、平易近人为人低调的作风对我影响极大。每当我遇到重大挫折时，脑海中就会浮现父亲坚毅的目光。那目光，给我力量，给我勇气，给我方向！

从革命熔炉到共和国军工界的摇篮
——忆我的父亲刘英

（作者：刘红松）

【父辈简介】

刘英，生于1926年3月，1948年9月参军，1949年6月加入中国共产党，先在中原军大、二野军大、西南军大、第二高级步兵学校任职，后到哈军工，先后任政治部文教干事、秘书，教务部政治协理员、留守处支部书记等职。1979年9月调任国防科学技术大学，历任政治部秘书处负责人、校研究室研究员、校史办副主任。曾获"解放奖章"一枚，"独立功勋荣誉章"一枚、"胜利功勋荣誉章"一枚。

【我的父辈】

投笔从戎

父亲出生在河南省泌阳县羊册镇的一个地主家庭。在旧社会战乱频发、盗匪横行、民不聊生的社会环境下，我的爷爷和伯伯被土匪枪杀，只剩下父亲和其祖母、母亲相依为命，每天战战兢兢地过日子。当时父亲一边求学，一边思索国家和个人的命运。后来父亲考上了信阳师范学校，在求学中受进步同学和中共地下党的开导、指引，产生了向往共产主义的信念。

1948年8月，在中共地下党的安排下，父亲和一些进步同学一起，穿过

敌占区的层层封锁线，到达了解放区，参加了人民军队。父亲和这些同学因为有文化，属于小知识分子，被专门安排进入中原军区军政大学（简称中原军大）学习，从此与军校结下了不解的情缘。

二野军大教干大队宣教股离宁留影

（上数第一排第二位为父亲刘英）

中原军大的前身是陈赓创建的豫陕鄂人民军政大学，后来随着革命形势的发展，先后改名二野军大、西南军大、第二高级步兵学校。在解放战争取得重大胜利，中原地区的大片地域都成了解放区后，刘邓大军和华东野战军形成统一的指挥体系——中原军区，根据革命形势的发展和人民军队建设的急需，中原军大边招、边教，为革命事业培养人才。父亲他们这些学员在极其艰苦的条件下，通过两史（社会发展史、中国革命运动史）教育和军政训练，在行军战斗中经受锻炼，在实际斗争中增长才干。这是他们这些中原军大学员在战争环境中特殊的学习方式，也是中原军大培养学员的一个优势。

父亲他们随着中原军大一边学习、一边战斗，紧跟着人民军队的步伐，先解放了郑州。在主力部队继续南下后，中原军大开进郑州，父亲他们进城后，连夜在当时市区绕了好多圈，有效震慑了反动势力，为郑州治安和建设打下了良好的基础。在随中原军大进驻许昌后，中原军大首期学员举行了毕业典礼，父亲被留校工作，到宣教股任干事。

随着革命形势的发展，父亲随着中原大参加了渡江战役、解放南京战役。

人民军队也由军区改组成了四大野战军，中原军大也进一步扩编成二野军大，校址就在南京市孝陵卫(如今是军工六校之一的南京理工大学校址)。二野军大校长由刘伯承兼任，刘华清任政治部主任，主持学校的具体工作。在南京，父亲一边进行宣传教育，一边投入到招生工作中。二野军大在南京招了一万多学员，这批学员为祖国大西南建设和发展做出了巨大贡献。二野军大到了重庆之后，随着人民军队的改组，二野军大改为西南军区军事政治大学(简称西南军大)。

西南军大的主要工作是教育、改造起义军官，其次是教育、改造投诚被俘军官。父亲在西南军大期间主要参与了高研班的工作，高研班的设立主要是为了教育、改造国民党军队的高级将领。记得父亲在看电视剧《特赦 1959》时曾对我们说，我们比他们早很多年就在做这项工作了，也回忆起了许多当年做这种工作的困难和趣事。

1951 年，西藏和平解放，西南军大奉命改建为第二高级步兵学校，其主要任务是培养我军正规化、现代化建设的中级军事指挥员和政工干部。

在第二高级步兵学校期间，父亲在刘华清任主任的政治部宣教股任股长。在此期间组织校文工团，一方面为学校的干部、教员和学员等慰问演出，有效提升了学校的精神面貌；另一方面深入重庆社会的各层面，采取多种形式宣传党的方针、政策，为重庆的社会稳定做出贡献。从豫陕鄂人民军政大学，历经中原军大、二野军大、西南军大、第二高级步兵学校，虽然只有短短四年时间，但是父亲在这所革命熔炉的锤炼下，从一个旧中国的小知识分子，逐步成长为一个有坚定革命信念、立志为新中国的建设而奋斗的革命战士，也为后续追随陈赓院长创建辉煌的哈军工积累了宝贵的经验。

北上建军工

1952 年 7 月中旬，第二高级步兵学校召开干部大会，校政治部主任张衍做北上动员报告。张主任首先传达了中央军委调第二高级步兵学校到哈尔滨市办军事工程学院的决定，以及西南军区刘伯承、邓小平、贺龙首长的指示。接着，张主任从国际国内形势和我军革命化、正规化、现代化建设的需要，深刻阐明了军委决定的重大意义和对我军建设的深远影响。张主任讲得生动、

深刻，大家听得聚精会神，会场鸦雀无声。最后，张主任号召大家立即行动起来，充分做好各项准备工作，随时待命出发。

动员大会后，干部们进行了热烈讨论，领会军委决定的精神，畅谈自己的感受。大家纷纷表示，军委决定是英明、正确的，是对学校同志们的信任，大家一定全身心投入，积极工作，完成军委赋予的光荣而艰巨的任务。

讨论会后，父亲按照领导的安排，组织宣教股的同事们，对营房、营具等逐一清点、登记、造册，准备移交。父亲他们当时都是单身汉，所以个人装备都比较简单，只等打了背包就出发。

过了几天，学校一声令下，全校三千多干部、战士、职工、家属浩浩荡荡出发了。从学校坐汽车到重庆市朝天门码头上轮船，到武汉市转乘火车北上。在轮船上，大多数同志挤坐在筒舱里，有说有笑，非常高兴。路过三峡时，不少同志走上甲板，观赏美景。在火车上，大家谈笑风生、歌声不断；路过北京，感到天气冷了，大家忙着添加衣服；路过长春，天气更冷了，没有衣服可添了，有些同志就披上薄薄的棉被。到达哈尔滨车站，天气虽然很冷，大家仍然精神抖擞地排着长队，迈着整齐的步伐，歌声嘹亮地走向各自的宿营地。路旁围观的群众，用惊奇而又赞赏的目光迎接这支整齐的队伍。

父亲与政治部秘书处同事们的合影

（上数第一排第二位为父亲）

第二高级步兵学校人员到达哈尔滨后，华东军区军事科学研究室近300名专家、教授、干部、职工和志愿军三兵团部分干部相继到达。三部分同志在以陈赓为书记的哈军工临时党委的领导下，团结一心，按照“边建、边教、边学”（三边）方针，为筹建哈军工紧锣密鼓地工作着。哈军工的筹建工作是白手起家，从头做起，大的如组织编制、请调教授、选调助教、招收学员、教学计划、建筑计划、技术器材和后勤保障，小的如桌椅板凳、碗筷瓢勺等，千头万绪，一件也不能少。

哈军工创建之初，父亲在政治部任文教干事，一方面负责学院文工团的建设工作；另一方面遵照院领导的指示，在学员中挑选了一批有天赋的篮球苗子，经过培训，组建了哈军工历史上第一支篮球队，父亲任领队，曾领着这支学院篮球队四处征战，取得过不俗的战绩，父亲与这批队员也结下了深厚的情谊。

父亲对有幸能在哈军工工作充满了自豪感。几十年过去了，父亲对在哈军工经历的像开学典礼这样重大的历史情节仍记忆犹新，经常同郑州干休所内的老干部和工作人员等，如数家珍般地娓娓道来。

尊重“圣人”　优待“圣人”

哈军工在陈赓院长领导下，创造了惊人奇迹，其中最宝贵的一条就是优待“圣人”。办院之初在周恩来同志亲自关照下，从全国选调了八九十位知名专家，陈赓院长不仅亲自关怀，还选派了王序卿成立了工作处，后转到政治部秘书处负责专家工作。父亲时任秘书处秘书，有幸参与这一工作，一直延续到国防科技大学秘书处，同他们建立了深厚的友谊。

专家们为哈军工的发展建设发挥了巨大作用：一是创办了学科齐全的专门学科；二是组编了教材；三是在开展科研方面，起到强有力的支撑作用；四是为学校的发展，培养出了一大批优秀的专业人才，如卢庆骏教授培养出的汪浩、戴遗山等后起之秀。

关于尊重“圣人”优待“圣人”的工作，父亲总结了三个步骤：

第一是让专家安心工作。专家们以前都是在地方教学和科研机构工作，对军队工作生疏，加之哈尔滨天气寒冷，生活工作遇到很大困难。陈赓院长亲自向大家说明了办哈军工的重要性和对大家的期盼，讲话很亲切感人，并亲自看望了大家。专家们感动之余，下定了在哈军工献身国防事业的决心。

第二是动员教授参军。这是思想提高和长期学校工作的一大进步。参军对于一般人来说是比较容易的事，而对于专家来说就不简单了。由学者成为军人不仅从思想上和生活习惯上等许多方面发生变化，而且还要适应军队的规章制度，更重要的是要长期献身国防事业。

第三是发展教授入党。入党是思想进步升华到了最高层次，即升华到终生要为共产主义奋斗到底。朱起鹤教授是参军早、入党早的典型。

退而不休　一心向学

20 世纪 80 年代末，父亲由国防科技大学的工作岗位退了下来，回到了老家，在郑州的十六军干休所颐养天年。父亲虽然离开了学校，但仍心系学校的发展，继续通过书信向学校建言献策。

父亲在教务部任协理员时，材料力学教研室一位年轻教师的妹妹患病，在其来哈尔滨治疗期间无处安置，父亲专门将其接到家中，为她的治疗和生活尽心尽力，让这位年轻教师感动不已。来郑州后，有一长沙工学院时期的工农兵学员，因其所在单位不景气，下岗待业，只能摆地摊艰难度日，还要供两个孩子读书，父亲闻讯后，竭尽所能帮助，解决了其生计无着的困境。

父亲是一个正直、善良、乐于助人的优秀共产党员。老人家经常教导我们一个人要先做人，后做事。父亲受哈军工院领导的教导和影响，形成了“尊重知识、尊师重教”的理念，并在几十年的学校生涯中，一以贯之地实践着，为学校的建设和发展做出了一定的贡献。

【我与父辈】

刘红松，1957 年 6 月出生于哈军工大院内，1979 年 9 月考入哈尔滨电工学院（现为哈尔滨理工大学）电磁测量技术及仪表专业学习。1983 年毕业后被分配至天津工程机械研究所，后在郑州市管城区发展和改革委员会工作。

父亲几十年的革命生涯，为我们留下了宝贵的财富，让我们永远享之不尽，用之不尽。回忆起老人家对我们的谆谆教诲，仍历历在目，永生难忘！

祖国不会忘记
——忆我的父亲吴守一

（作者：吴一民）

【父辈简介】

吴守一，1916 年出生，安徽省黟县人。1940 年浙江大学电机系毕业后以优异成绩考取公费留学美国，入康乃尔大学学习。1949 年起在广西大学电机系任教(教授)。1952 年 9 月，由陈赓院长提名，选调至哈军工，先后任空军工程系 118 教研室副主任(四级教授)，电子工程系 409 教研室主任，1964 年当选为哈尔滨市人民代表。

【我的父辈】

赤子之心勇担当　科技报国圆梦想

父亲出生在安徽省黟县横冈村一个中医世家。小学时，参加本县作文、数学考试获银牌奖。在上海大同大学附中就读时成绩优异，后考入浙江大学，1940 年毕业于浙江大学电机系。1945 年，父亲以优异成绩考取公费留学美国，远赴康乃尔大学学习。学成毕业后，放弃了在美国的优厚待遇，怀着为祖国效力的理想回国，作为留美电子技术专家，被安排在广播电台任总工程师。

由于保密等原因，我对这些经历的了解来源于三个方面：一是《哈军工传》作者滕叙兖老师对我的采访，二是母亲生前保存的父亲追悼大会上的悼词，三是父亲家乡《黟县志》中的“人物传”。

父亲在美国留学时的照片

1952 年筹建哈军工时，陈赓院长在全国范围选调专家、教授。父亲作为留美电子技术专家被陈赓院长提名。经过严格政审和通过父亲好友王嘉仁前辈（1937 年参加革命的共产党员，1952 年在中央人民广播电台总编室工作）对我父亲的推荐，父亲第一批被选调哈军工。

1952 年 10 月，经周恩来批准，国家高教部下文，父亲被调任哈军工空军工程系 118 教研室副主任。1953 年 3 月父亲接到调令后毅然和我母亲陈尔溱（当时是广西大学数理系助教）带着未满周岁的我，从绿树成荫、春暖花开的广西桂林，一路北上到达位于哈尔滨的哈军工报到，参加筹备哈军工空军工程系的工作。

东北的三月依然寒冷，南方人初到东北，不习惯东北的干燥寒冷和饮食，住房也是两三家人分住一套房，父母克服了生活上的不适应，全身心投入到筹建无线电工程专业、选编教材等开学的准备工作中。那时的新中国百废待兴，在哈军工父亲有了科技报国施展才能的舞台，实现了为国防事业和祖国的无线电事业做贡献的梦想。

刚来哈军工时，父亲还不是军人，但却享有军人政治待遇的优越条件，当“全国人民慰问人民解放军代表团”慰问哈军工时，父亲也收到了祖国人民的慰问品，这些珍贵礼品充分体现出陈赓院长对哈军工高级知识分子政治上

的具体关怀。

空军工程系领导、教授、教员们与苏联顾问的合影

（左下往上数第四排第四位为父亲吴守一）

在生活上，陈赓院长非常关心我们家。我小时候得了哮喘，每天凌晨 2 点以后，就剧烈咳嗽不能入睡。哈尔滨冬季太冷，医生建议母亲设法带我到南方治疗一段时间。我的外祖父是贵阳市知名的小儿科医生，陈赓院长知道后，特批我母亲借调贵阳医学院，带我住在外祖父家治病，使我得以痊愈。

在陈赓院长的关怀下，父亲没有了后顾之忧，全力以赴工作，回报党和国家对知识分子的关爱。父亲学习革命先烈的英雄事迹，学习老干部革命军人的优秀品质，向从部队来的学员学习部队作风和军事素质，从中受益匪浅。

1957 年，特大洪水威胁哈尔滨市，全市军民奋勇抗洪，哈军工全员出动修坝筑堤，构筑了坚固的“103 大堤”，父亲也成为哈军工万名抗洪大军中的一员。

父亲是 1955 年第一届院务委员会委员、1957 年“军事工程学院电子科学技术委员会”委员，当时他负责总参通信兵部委托哈军工的研究项目“脉冲技术及晶体管电路”，在当时是很前沿的学科内容。1956 年，哈军工根据当时空军党委要求，创办“机务干部进修班”和“航校教员进修班”，父亲是主要任教老师之一。为了给部队培养更多基础知识扎实的实用型人才，父亲很重视进修班的培训课程，他把丰富的实际工作经验和基础理论知识相结合，讲课很受学员欢迎。

父亲在无线电发射技术方面有较深的造诣和丰富的经验，有着无线电专业方面的理论和实践优势，经常带学员到学院的生产实习工厂（后改为综合实验工厂，也称四海厂）的车间，参加生产实践。60多年后，时任生产实习工厂厂长张复明的家人还在微信中说起对我父亲的印象。在科研协作和技术交流中，他更注重带着师生们务实干事业。

在陈赓院长领导下，哈军工的空军工程系在完成军队和学院科研任务和教学工作的同时，积极支援黑龙江省地方建设。当时国家要开发和建设北大荒，黑龙江省的鹤岗市、伊春市和位于伊春地区小兴安岭南麓靠当时中苏边境的带岭原始林区，是北大荒待开发建设的一片沉睡的黑土地和茂密的原始林区，环境艰苦，消息闭塞，听不到广播。父亲以专业的理论、实践优势和敬业精神，与空军工程系四科的师生们在白山黑水的黑龙江省边疆建设广播电台和无线电台。他主持了黑龙江省鹤岗市和伊春市广播电台的选台址、设计、研制和安装工作；与苏联专家合作，为林业部在带岭原始林区设计修建了无线电台。从此之后，黑土地上的垦荒者和原始林区的开发建设者，都能通过广播听到祖国和党中央的声音，带岭原始林区可以通过无线电台及时传递信息。哈军工的师生们在艰苦的条件下，为黑龙江开发建设北大荒和原始林区做出了突出贡献。

父亲当时是国内有影响的电子技术专家，在陈赓院长和学院的安排下，北京地铁一部分的设计与施工、西南无线电通信网设计等重大项目都留下了他辛勤工作的足迹。

父亲经常下厂和出差，他以普通老师的身份和大家一起工作。但穿着军官配发的校官军大衣他总觉得像是去检查工作和参观的，增加了与学员、工人师傅、战士之间的距离感。因东北地区冬季漫长寒冷，上级特地配发给父亲一件战士穿的羊毛军大衣，便于穿着出差和外出工作。1965年大年初一下午，父亲没有在家里过年，他就是穿着这件大衣，在学院的二道门替警卫连战士站岗。后来这件大衣伴随我到了北大荒建设兵团，我穿上它在冰天雪地里工作，战友们都说我像个饱经风霜的老兵。现在大衣已经旧了，仍保留在家中，它见证了我们两代人的奋斗经历。每次整理这件大衣时，往事历历在目。

脉冲技术走前沿　艰苦奋斗勇奉献

1961 年，哈军工电子工程系成立，父亲被任命为总字 943 部队（哈军工）电子工程系 409 教研室主任。当时的电子工程系教授只有 4 人（吴守一、胡寿秋、慈云桂、刘景伊），1963 年父亲是学院教学委员会委员。

20 世纪 60 年代，父亲响应学院党委的号召，积极到黑龙江农村与农民同吃、同住、同劳动，加深自己对农村、对农民的了解。父亲经常教育我“在农村我们帮老乡拾粪，干农活，要吃得苦、不怕脏、不怕累。我们生活在大城市，是体会不到农村的艰苦和粮食来之不易的。”

我的印象中，父亲在家里的书桌上放有一本《毛泽东选集》。他只要在家，晚饭后就会看一段，再开始看书工作。几十年后，我看到《国防科技大学校史》中，陈赓院长给第一期毕业学员写信要求：“……我们的技术军官不仅要精通业务，而且必须具备为社会主义、为人民服务的思想品质……真正成为一名又红又专的技术军官。”这也许就是当时父亲的初衷吧。

我采访当年父亲所带的研究生时，他说：“我们当时做实验条件很艰苦，您父亲指导我们的专业是毫微秒脉冲技术，是当时电子学基础和电子学前沿学科的专业，做实验条件差，他都亲临指导。他对学生没有架子，平易近人。”父亲重视年轻教师的培养，在教学方法上注意启发引导，概念清晰，教学效果好，深受学员欢迎。他以严谨认真的科学态度，攻坚克难从事科研工作。

父亲的专业在当时属于比较前沿的学科，但他为人低调，是一个务实、理论联系实际、多产出的知识分子。他编写教材，搞科研，撰写学术论文；在讲台上上大课，带学生实习；为军内的进修班授课；去东北边疆建电台都亲力亲为。他任劳任怨，积极负责，发挥了老教师的骨干作用，多次被评为学院积极分子，为哈军工的教学、科研做出了贡献。

1964 年，父亲当选为哈尔滨市人大代表后工作更加繁忙。1965 年是取消军衔制换六五式新军装的第一年，父亲难得有一天休息，他穿上换装后的新式军装，全家到照相馆拍了一张全家福，那年我 13 岁。幸福的时刻总是美好、难忘和短暂的，这张 20 世纪 60 年代拍的全家福，成为我永远的纪念！

1965 年照的全家福

1957 年受总参通信兵部委托，哈军工接受了多项研究课题。学院把其中的“脉冲技术及晶体管电路”研究课题，交给了时任哈军工空军工程系 118 教研室副主任的父亲。在 20 世纪 50 年代末和 60 年代初，脉冲技术是很前沿的课题，晶体管电路也是崭新的项目。经过两年多的深入研究，父亲完成了总参通信兵部委托的课题任务，填补了这一项目的空白；其后根据这些科研成果转换应用，他所做的“二次发射管脉冲产生器”的学术报告，也得到了当时业内较高的评价。

1960 年底，开始了哈军工的分建工作，1961 年 8 月哈军工电子工程系创建成立，父亲作为 409 教研室主任，认识到“脉冲技术”作为当时无线电和电子学领域中新发展起来的一门技术科学，国内正处于晶体管电路替代电子管电路的前期，为进一步推动学院的电子科学研究工作，培养学员在电子科技发展方面的前瞻研发设计能力，父亲编著了《脉冲技术》教材。

我保留有一套父亲在六十多年前编著的《脉冲技术》教材。脉冲技术是脉冲信号的变换、产生和应用的技术，在电子技术中起着非常重要的作用，广泛应用于电子计算机、通信、雷达、电视、自动控制、遥控、遥测、无线电导航、测量技术等领域。父亲编著的这套《脉冲技术》书也为早期的晶体管数字电子计算机开关逻辑电路、时钟、电子管与晶体管的对应等效电路提供了理论分析和实际工作方法。

那时，我国处于经济困难时期，复杂的国际形势又让我们无法获得西方

发达国家的先进科学技术和前沿科技信息，《脉冲技术》就是在这种情况下编著出版的。

那时我还小，记得每到周日休息，父亲总是到哈尔滨市的新华书店选购或订购英文原版或俄文原版参考书。他每天下班很晚，经常顾不上按时吃饭，由此得了胃病。母亲生前和我说过，父亲那一段时间基本上都是在晚上 12 点以后才能休息，有时半夜想起一个问题，马上就起身披衣伏案。

当时由于国外对我国的技术封锁，国内无法查到最新的科技动态，只能通过翻译和查阅大量的最新外文书籍，在字里行间搜寻参考资料，推理、求证一个公式，要通过实验和从多本外文书、从不同角度寻找核对依据。数据的推演计算是通过计算尺多次计算核对，工作量很大。

当时正值哈军工电子工程系(四系)441B 晶体管计算机开始研制时，父亲编著的《脉冲技术》上册于 1962 年 3 月首次铅印出版 3 620 册，下册也在 1963 年 6 月首次铅印出版 3 600 册。《脉冲技术》成为晶体管计算机研发和其他电子专业教学、科研的参考书，并作为所属专业的研究生教材。我还记得，巨型计算机之父慈云桂教授在那一段时间也经常和我父亲讨论问题。

正如马克思所说："在科学的道路上没有平坦的大路可走，只有在崎岖小路的攀登上不畏劳苦的人，才有希望到达光辉的顶点。"这套《脉冲技术》给我留下了时代的印记，我看到了父辈在那科学技术和工业基础薄弱的年代，严谨认真的科学态度和对科研工作脚踏实地、刻苦钻研的求真务实精神，看到他们自力更生、艰苦奋斗、勇于奉献、报效祖国的真实写照。

愿在他努力工作过的学校、在国家记忆中，记住曾经有一位教授——吴守一，他是国防科技大学电子科学专业和祖国无线电事业的一位开拓建设者。

【我与父辈】

吴一民，吴守一之子，1952 年 7 月出生于广西桂林，湖南大学机电一体化专业毕业。1968 年 10 月在中国人民解放军原沈阳军区黑龙江生产建设兵团参加工作，兵团战士。1972 年 12 月调入国防科学技术大学综合实验工厂工作，任铣工、助理工程师、工程师、高级工程师。

今天，在新时代的春天里，怀念我的父亲吴守一，他没有辜负陈赓院长的举荐，在新中国自力更生、发奋图强的建设中，以专业的理论和实践优势，在祖国的无线电事业中有所成就，为哈军工、为国防事业和国家建设实实在在地贡献了自己的力量。春蚕到死丝方尽，蜡炬成灰泪始干！他兢兢业业工作默默奉献了一生。

半生戎马　半生学堂
——忆我的父亲尚慎武

（作者：尚鲜利　尚路　尚晓军）

【父辈简介】

尚慎武，1919 年 12 月出生于山东省莱芜县（现济南市）第六区上周家庄。1939 年 4 月参加八路军山东纵队第四支队，同年 12 月加入中国共产党。1941 年 7 月在抗日军政大学一分校三大队学习，历任山东鲁中军区司令部 3 科电话站党支部书记、鲁中军区警卫营营部指导员、东北民主联军第 3 纵队 8 师组织科副科长、志愿军第 40 军 119 师政治部干部科科长、40 军 118 师政治部副主任、119 师干部部副部长等职。1955 年进入中国人民解放军政治学院（现中国人民解放军国防大学）学习。1960 年 10 月调任哈军工海军工程系政治处副主任。1964 年 11 月，任黑龙江大学党委副书记兼监委书记。1980 年 3 月任哈尔滨船舶工程学院党委副书记兼任副院长、纪委书记。

【我的父辈】

半生戎马　热血丹心抗日烽火中成长

1919 年 12 月 6 日，我的父亲出生于山东省一个贫苦的农民家庭。父亲从小参加农村劳动，上私塾读书，长大后学过木匠。时值军阀混战、欺压百姓、苛捐杂税，民不聊生。日本帝国主义侵略中国铁蹄踏入山东后大肆烧杀抢掠、无恶不作，家里草房被烧毁三间，家恨国仇，怒火燃于心。

1938 年 1 月 1 日，中共山东省委领导徂徕山起义，宣布八路军山东人民抗日游击队第四支队正式成立，极大地鼓舞了山东人民抗日斗志和抗日胜利的信心。父亲于 1939 年 4 月 24 日凌晨趁其父母及家人熟睡之际，与同村四个青壮年一起跋涉 60 多里到山东省莱芜县第七区崮堆山庄加入了八路军山东纵队第四支队炮连，同年 12 月在纸坊庄秘密加入中国共产党。

1941 年 7 月，部队南下至鲁中南沂蒙垛庄，父亲被选送往抗大一分校三大队学习。其间抗大一分校参加了山东抗战史上著名战斗——大青山突围战。此次战斗父亲与死神擦肩而过，战斗中一枚日军榴弹落在他面前，呲呲响冒着白烟，幸运的是没有爆炸。1942 年 4 月，父亲从抗大一分校第五期(山东第三期)毕业后重返部队。父亲经历了抗日战争、解放战争、抗美援朝战争的无数次战斗，从山东到东北，从白山黑水到解放海南岛，又北上抗美援朝。

父亲于 1953 年朝鲜战争胜利后回国。在长达十五年的艰苦卓绝的战争岁月里，他为了人民的解放事业出生入死、奋勇作战、屡立战功，表现了不怕流血牺牲的大无畏革命精神，被授予中华人民共和国三级解放勋章、中华人民共和国三级独立自由勋章、朝鲜民主主义人民共和国三级国旗勋章、朝鲜民主主义人民共和国二级自由独立勋章。

1955 年 2 月 5 日，父亲到中国人民解放军政治学院(今中国人民解放军国防大学)学习，是政治学院速成系第一期学员。

40 军 119 师首长抗美援朝期间为尚慎武授勋

（右三为父亲尚慎武）

半生学堂　树德育人为国家培养栋梁

1960 年 12 月，父亲调任哈军工，任海军工程系政治处副主任，正式开始了军校生涯。哈军工创建时期的行政管理、专业设置、校舍建筑都渗透着苏联的模式，团以上干部配备由中央军委批准，有严格的要求，必须具有坚定的共产主义信念、坚强的无产阶级党性、较强的政治工作组织领导能力、以身作则、坚持原则、公道正派、密切联系群众、善于调查研究。政治工作干部既要具有优秀的政治素养、较高的文化水平，还要具有团结各方面力量的能力，以及全心全意为“两老办院”服务的精神。

父亲在政治处协助王松如主任做学生、教授会、系直属机关人员的思想政治工作。遵循毛泽东同志《训词》和党中央知识分子政策，按照哈军工独特的“两老办院”要求，把理论和在战场上政治工作的经验运用到具体工作之中。几十年后，海军系多位学员对父亲在他们入学时的讲话、毕业时的谈话、遇到问题时给予的鼓励还记忆犹新，对于当年给予的启蒙、激励和指导表达了感谢之情。

在我们的记忆里，父亲每天忙忙碌碌，周日也不休息，穿着洁白的海军制服去 31 号楼值班。幼小的我们不知道他工作有多忙，只记得父亲经常开会很晚才回来，我们在家等他回家吃饭。直到近两年整理父母遗物，看到父亲的笔记本，我们才知道父亲工作的繁忙。从笔记本上密密麻麻的文字中，体会到父亲兢兢业业、认认真真、耐心细致做思想政治工作，以及为军队培养人才的责任感。父亲来自野战部队，哈军工的政治工作与野战军有很大的不同，为了工作的需要他还学习讲普通话。

1980 年 3 月，父亲回哈尔滨船舶工程学院任党委副书记兼副校长、纪委书记，受到教师的欢迎。学院继承和发扬了“哈军工”思想政治工作的优良传统，组建了专职、兼职相结合的政工队伍，在教师中积极开展“教书育人、管理育人、服务育人”的“三育人”和精神文明建设。新时期新特点，政治工作不断创新，政治工作深入基层。分管思想政治工作的父亲废寝忘食、加班加点，开会到深夜。父亲留下的十几本工作笔记，记录着参加各级会议、传达文件精神、到各系调研、个别谈话、布置工作及解决问题的方方面面。在我们记忆中，每周都有一天晚上父亲坐在写字台前看《船工周报》清样。《船工周报》即《工学周报》，是院党委机关报，于 1982 年 3 月 5 日创刊，父亲对创刊和办刊投入了大量心血。

在记忆中，父亲不苟言笑，仪态庄重，对我们成长的教育，概括两个字就是严格。父亲对子女教育如同带兵，有严格的作息时间，食不言寝不语，周日按照连队作息时间吃两顿饭，吃饭不许剩菜剩饭。父亲按照哈军工的规定严格要求子女。困难时期，海军系在 31 号楼西侧大片空地上种土豆，父亲带着 7 岁的大姐去参加劳动，让孩子从小就知道“盘中餐”来之不易，劳动最光荣，好吃懒做最可耻。父母对我们的学习非常重视。长大以后无论我们是在哪里，干什么工作，父亲都亲笔写信或者耳提面命，告诫我们必须学文化，上大学。

父亲“半生戎马”，出生入死，从不居功自傲，我们长大后问他战争经历他总是闭口不谈，问多了就说：“有什么可说的，牺牲了那么多人，他们才是英雄。”只有在周日父亲叫在学院学习的老战友的孩子到家里来改善生活，当学生们欢声笑语，吃着母亲烙的千层饼，端起父亲倒满的酒杯时，平时沉默寡言的父亲才露出微笑，在学生们带着渴望眼神的提问中诉说战斗的经历，

我们才能了解一些他从来不和子女谈起的往事。我们也才知道我们四个孩子的名字是和革命、和社会主义建设相联系——长女鲜利(朝鲜胜利)，次女鸽利(世界和平理事会召开，和平胜利)，长子小路(党的八大二次会议通过了社会主义建设总路线)，次子晓军(《国防建设工作纲要》发布)。

赓续传统 “哈军工”红色基因代代相传

1964 年 2 月 1 日，《人民日报》发表社论《全国都要学习解放军》，全国 80 多所高校到学院参观、学习哈军工思想政治工作经验。在全国人民学习解放军热潮中，黑龙江省委提出急需“政治立场坚定，业务能力强，具有高等学校管理经验的人才充实地方高等学校的发展”，请求哈军工推荐政工干部支援地方大学。1964 年 12 月，父亲转业到黑龙江大学任党委副书记兼任监委书记。从军校到地方，职务、职责转变，但继续弘扬“哈军工”精神、延续“哈军工”工作作风、严于律己要求没有变。调黑龙江大学任职时父亲拒绝住位于东大直街上的“外教楼”，而选择搬家到黑龙江大学校园里“小五栋”一个简朴的小套间，他说住在校园里既能密切联系师生又能充分利用时间工作。

父亲对自己的子女严格要求，对同事则是能帮就帮。黑龙江大学党委办公室的秘书彭喜民的妻子怀孕快到临产还在简陋的地方居住，父母把家里朝阳的房间腾出来让他们住下，我们两家在一套房子里生活了几年。父母助人为乐，不论是在学校还是“插队落户”到农村，只要遇到有困难的人父母总是有求必应，及时给予帮助。

父亲一生以军人为荣，在“半生戎马，半生学堂”生涯中，对党忠诚，为党的政治工作默默奉献。他在工作岗位是公仆，严于律己、平易近人，处处帮助有需要的群众。父亲对子女以严格的方式教育，又以政工干部的素养润物无声、以身作则的言行影响着后代。作为子女，我们无法评价父亲的一生，摘录《黑龙江日报》1995 年 3 月 21 日发布的讣告，这是组织对父亲的肯定：“尚慎武同志在近 60 年的革命生涯中，无论是在战火纷飞的革命战争年代，还是在社会主义经济建设时期，他对党、对人民始终忠贞不渝，具有坚定的共产主义信念，从不动摇；他一贯拥护党的路线、方针、政策，有着高度的革命事业心和责任感，工作中兢兢业业，一丝不苟，表现出强烈的求实精神。

他心胸坦荡，光明磊落，视党的利益和人民的利益高于一切，毫无自私自利之心，淡泊个人名利和职位高低，充分体现了共产主义战士的崇高品德；他一生两袖清风，清正廉洁，始终保持和发扬艰苦朴素的优良传统，他不失人民公仆的本色；他作风民主，平易近人，责己以严谨，待人以宽厚，从无居功自傲之举，表现出一位共产党员、老干部的高风正气。”

【我与父辈】

尚鲜利，尚慎武长女，曾任哈尔滨工程大学校友办主任，九届全国人大代表。

尚路，尚慎武长子，中国航空工业空气动力研究院原党委副书记、研究员。

尚晓军，尚慎武次子，黑龙江大学国防学院原副院长、马克思主义学院教授。

父亲是灯塔，指引着后代们前进的方向，给我们留下的是取之不尽用之不竭的精神财富。父亲两袖清风，他曾说不给我们留下任何物质遗产，只留下对后代的要求和成为革命接班人的期望。我们家最珍贵的收藏是父母战争年代获得的勋章、奖章、证书、纪念章和父亲的任命书、授军衔穿的军礼服，以及陆军和海军不同颜色的军服和军大衣。在我们心中父亲和千千万万哈军工人一样是朝霞中一片滚烫的红晕，是大地上一片泥土的真淳，是钢铁中坚强的硬度，是圣洁里凝成的崇高精神。哈军工的二代三代可以骄傲地说：“我们是哈军工的继承人！我们被哈军工精神熏陶，被哈军工历史吸引，正在努力赓续红色基因，使哈军工精神代代相传。”

家庭合影

那位影响我人生道路的人
——忆我的父亲王亚凡

（作者：王守昌）

【父辈简介】

父亲王亚凡，1920 年出生于河南省镇平县农民之家，1938 年考入开封师范，1948 年参加中国人民解放军，曾任中原军政大学、二野军政大学、华东军政大学、西南军政大学学员及教员、第二高级步兵学校文化教员。1952 年后在哈军工任技术部秘书、助理员。

【我的父辈】

投笔从戎心向党

我的父亲王亚凡 1920 年出生于一个富裕的农民家庭。家乡紧邻伏牛山的南阳盆地，从伏牛山流出的小河、溪流密集，向南汇集成白河、潦河、刁河等。大河流于湖北，汇于汉水，流入长江。南水北调的源头丹江水库就在南阳盆地的西南侧淅川县境内。这里有着亚热带的小气候，土地肥沃，雨量充沛，物产丰富，是著名的粮仓。手工业发达，人口稠密，民风淳朴，人民勤劳，耕读传家，生活富庶，堪比四川天府之国，故称为“小天府”。这种社会环境培养了父亲善良正直、聪慧好学的性格。

父亲自幼酷爱读书。1934 年考入镇平县初中读书，1935 年 8 月进入宛西中学读书。在此期间，父亲受到共产党员的教育和影响，向往参加革命队伍，抗日救国。父亲 18 岁时就与六伯父王子新一起准备脱离封建家庭，奔赴延安，但被他父亲关了起来而未成行，1938 年考入开封师范。父亲后来在家乡多所学校任乡村小学教师，教书育人。

1948 年 11 月，父亲终于实现了自己的参军梦，成为中原军大三大队十一中队一名学员，后来他参加了郑州的接收工作。1949 年 5 月 4 日，中原军大从许昌出发，栉风沐雨，穿草鞋，披蓑衣，扛着长枪，背着背包，千里行军到达南京。在南京，中原军大改名为二野军大。父亲任二野军大一总队助教，后转战大西南。10 月中旬，二野军大上万名学员随二野大军挺进西南。他们斜穿大半个中国，途经八省市，行军历程 8 000 里。沿途气候恶劣，跋山涉水，还不断遭到国民党残部和土匪的武装袭扰，随时都有可能迎敌战斗、流血牺牲。父亲所在的教干大队是第二批，他们从南京出发，乘火车经徐州、郑州到达湖北孝感。下了火车，昼夜兼程，千里行军到达宜昌，在那里过了春节后，乘船到了重庆，驻扎在歌乐山林园。

1949 年 11 月，二野军大和西北军大主要部分合并，改称为西南军大，贺龙为校长，邓小平为政委，父亲时任干训大队二中队文化教员。后来，他和李木还承担了改造国民党高级战犯学习班的班主任工作。1951 年西南军大改为第二高级步兵学校。

转战东北建军工

1952 年冬，以第二高级步兵学校为主体，华东军区研究室和志愿军第三兵团部分干部组建哈军工，选址在天寒地冻的哈尔滨。第二高级步兵学校全建制三千余人离开美丽温暖、初具规模的林园第二高级步兵学校校部，乘船搭车万里，转战冰天雪地的哈尔滨。

父亲是个工作狂，一心扑在工作上，家里整天都不见他的身影。除了睡觉吃饭以外，他都在办公室工作，晚上吃完饭丢下饭碗就去八一楼的办公室

工作，直到熄灯号响起他才回家。星期日他又去仓库查点物资，保证全院的科研教学所需的物资供应。

1957年，松花江发大水，眼看江水一天天上涨，几乎要倒涌进哈尔滨市，造成大水灾。为保卫哈尔滨人民的生命财产，哈军工主动请缨，承担了江堤上最危险、最艰苦的东北江桥油库地段的抗洪任务。那里江面宽，地势低，渗漏多，随时都有决堤的危险。学院从将军到士兵，从教授到学员，从干部到炊事员，组织了1万多人参加抗洪。人们不顾生命危险，吃住在江堤上，光着膀子挑土扛草袋堵漏洞，加高堤坝，一身泥一身汗，以生命保护哈尔滨人的安全，得到了哈尔滨市政府的表彰。父亲当时也参加了这场伟大的抗洪斗争，一次他回家换衣服，我看到他明显又黑又瘦，肩膀上充满了血印。他换好衣服，马上就离家上了江堤。

1959年，他回家探亲，主动参加生产队的积肥活动。他挑着担子，往返于村子与田野之间，肩上磨出了血泡。他跟社员们要求多装点，社员们竖起大拇指，称赞地说："大军官回家探亲，不待在家里，还来挑大粪。"

到最艰苦的地方去

1965年底，中央军委决定哈军工脱离军队建制，改为地方院校。哈军工编制减少，有800人要转业到地方，父亲1965年底离开了他工作了13年的哈军工，结束了18年的军旅生涯，转业河南。他只身一人回到河南（当时没带家属），在河南省委组织部，他以一个哈军工军人的姿态向省委组织部表态，坚决服从党组织分配，到最艰苦的地方工作。他舍弃了条件较好的唐河县，要求去新建的周口地区。周口地处黄泛区，由商丘、驻马店地区划拨几个县组成，条件艰苦。他被分配到了鹿邑县，当了科委主任。这是一个古老而落后的小县，一到鹿邑，他就迫不及待地投入到了当地筹建电厂的工作中去。他以哈军工不怕困难、开拓创新的精神，吃住在工地上，克服人力不足、经费困难等问题，不分昼夜地筹划方案、采购物资、组织人力、加快施工，不到半年，县城亮起了电灯，结束了依靠昏暗油灯照明的历史。一些小企业也有了电力驱动，整个县城生机勃勃。

电厂有位30多岁的电工，靠30多元的工资养活着一家七口人，生活艰辛。父亲当时工资 130 多元，十分同情他，主动伸出援手，每月从自己的工资中拿出一部分资助这位电工。后来父亲又多次资助身边困难的人，因此他去世的时候并没有什么积蓄。终其一生，父亲始终跟随共产党，相信党组织，做一名无私奉献的共产党员。

我记忆中的父亲

父亲参军时我刚三岁，对父亲仅有一点模糊的记忆是在他参军前离开学校的路上。他推着一辆旧自行车，我坐在自行车前梁上，调皮地拨弄着车铃，发出丁零丁零的清脆响声，我发出开心的笑声，也不知道发生了什么事。爸爸和妈妈低声交谈着什么事情，只听妈妈抹着眼泪对父亲说："你走了，我们娘仨怎么过呀?"父亲轻声地安慰着妈妈，而后毅然参加了中国人民解放军。这一别，就是八年。

父母合影

父亲走后前五年，没有给家里写一封信，家里也不知道他身在何方，是死是活。年轻的母亲领着两个年幼的孩子，耕耘着六亩薄田，靠着亲戚的帮助勉强度日。记得 12 岁的哥哥和 7 岁的我，不得不随着妈妈戴着斗笠，扛着小锄头去地中除草，挖野菜充饥。没有柴火，我和堂姐挎着小篮子去捡树叶，烧火做饭。看到作为小学教师的叔叔家喝着黏稠而黄澄澄的苞米面粥，吃着腌萝卜丝儿，我们只能喝着稀稀溜溜的红薯面稀饭，非常羡慕。晚上我依偎

在妈妈的怀里，憧憬着美好的未来，我对妈妈说："俺爹要是在家，我们也能吃上苞米面，苞米糁饭，也能吃上盐。"妈妈在黑暗中流泪，无言以对。

1953 年，父亲从哈尔滨寄来了参军后第一封信，他还活着。1955 年，妈妈来到了哈尔滨，夫妻团圆。哥哥从天津入伍，当了一名海军战士，后来部队送他去上了大学，成为一名海军军官。

1956 年，我第一次来到哈尔滨。那年，哈军工驻北京办事处主任、我们的老乡许鸣真回家探亲，带着我和他的长子许永跃来到北京灵景胡同 10 号哈军工驻京办事处。在那里，我有幸见到了穿着将军呢大衣、佩戴大将肩章的陈赓，这是我至今难忘的荣幸。在北京，我去了天安门广场，看到了迎风飘扬的五星红旗和雄伟壮观的天安门，也第一次看到了电灯和车水马龙的大都市。

半个月之后，我被送到了哈尔滨，在哈军工新建的 84 号楼一间小房里，见到了久违的父母。那时父亲是年仅 30 多岁的年轻军官，他风华正茂，英俊潇洒。他高高的个子，高鼻梁，深眼窝，头戴大檐帽，身穿笔挺的绿军装，扎着武装带，宽阔平直的肩膀上佩戴着金光闪闪的肩章，穿着锃亮的黑皮鞋。这是我第一次这么仔细、近距离地观察父亲，他是一名标准的军人，我心中的敬意油然而生。

弘扬和传承哈军工精神

我生活在哈军工大院里，天天听着军号声，看着父亲雄健的军人形象，看着军工学员穿着板直的军服，排着整齐的队伍，唱着嘹亮的军歌行进。我耳濡目染，深深地热爱着哈军工，热爱着人民子弟兵，憧憬着有一天也能穿上这漂亮的军服，成为一名解放军战士。

1965 年底，学校来了几位穿黄上衣蓝军裤的军官，听说是来招兵的，我立即报了名，政审、体检均合格。我于 1966 年 1 月被录取到空军 17 航校，在 14 大队当学员。至此，我们家成了海陆空齐全的光荣之家。17 航校是专门培养地勤维护人员的士官学校。1966 年 8 月，我们提前毕业，被分配到长春市 1 航校 1 团，任地勤机械员，每天跟着机械师维修"雅克 18"初级教练机。在零下 30 多度的寒冬、酷暑难当的夏天，我们都严格地守护着、保养着飞机，保证飞行安全。在工作之余，我承担了中队写材料、出黑板报的工作，经常工作到深夜。我被评为积极分子，连年被评为五好战士。1968 年 5 月光荣加入中国共产党，还被团里选派到了农村学校、工厂。我一直为我当兵的经历而自豪，也为我们家海陆空三军齐全、上阵父子兵而骄傲。

1969 年 3 月，我复员到哈尔滨化工厂做了钳工，后调入哈尔滨船舶工程学院。哈尔滨船舶工程学院在哈军工原址，是在哈军工舰船工程系的基础上创办的，有着浓厚的哈军工传统。这是父亲曾经工作的地方，转业军人很多，哈军工精神洋溢，风清气正，人际关系简单。1985 年，我和刘希宋教授等同志在哈军工精神的鼓舞下，急学校所急，白手起家，大干快上，在艰苦的条件下，发扬哈军工“四无”“三边”的精神，创办了哈尔滨船舶工程学院管理工程系，填补了学校的空白。如今，幼苗已经长成参天大树，成为全国知名的管理学院，成千上万的本科、硕士、博士生从这里走上国防工业建设的工作岗位，培养了大批领导干部和教授博导。

我生在旧社会，长在红旗下，亲眼见证了国家在共产党的领导下，从站起来、富起来到强起来的全过程，充满了幸福感和获得感。我在党的教育培养下，由一个农村娃成长为大学教师，由一名普通的工人成长为基层领导干部，我感谢党，感恩党，感激哈军工以及他的后继者哈船院、哈工程的哺育之恩，我以身上流着哈军工的血脉而骄傲。我身体力行，发扬父辈们的高尚品德，以父辈们的忠诚奉献、公而忘私的高大形象为榜样，认真做好每一件事，为培养祖国的下一代倾尽全力，以我热情洋溢的书法作品和诗歌，歌颂伟大的党、伟大的改革开放光辉成就、伟大的哈军工精神。我先后在网站、省市老干部刊物和学校《晚晴》杂志上发表文章 50 余篇，被评为优秀共产党员和黑龙江省关心下一代先进个人。

【我与父辈】

王守昌，1945 年出生，王亚凡次子。1966 年参军，1968 年入党，曾任哈尔滨船舶工程学院、哈尔滨工程大学学员队队长、指导员、党支部书记、系团总支书记、系党总支副书记、党总支书记等职。多次被评为黑龙江省级先进思想政治工作者、模范党务工作者。退休后被聘任为学校督导、党委组织员、班主任办公室主任，曾参与哈军工纪念馆建设，被评为省关心下一代工

作先进个人。

进入耄耋之年的我始终以一个哈军工子弟、老共产党员而骄傲，以传承哈军工精神为己任，继承父辈优良传统和哈军工精神。我衷心祝愿哈军工精神永远发扬光大，丰碑永存。

忆军工岁月
——忆我的父亲郭爱忠

（作者：郭一平）

【父辈简介】

郭爱忠，1926年出生于四川省大竹县，1948年考入重庆相辉学院攻读法律专业，1950年考入重庆西南军大，后调入西南军区第二高级步兵学校任文化教员。1952年北上哈尔滨参与筹建哈军工，从此毕生奉献给了国防教育、建设事业。

【我的父辈】

学海无涯　从军如愿

我的父亲是家中唯一的男孩，从小接受良好的教育，是私塾老师眼里有出息的孩子。自中学起，便离开家乡，到外地求学。自律性极强的父亲潜心读书、志向明确，一心向往将来成为一名律师。多年的苦读后，1948年，22岁的父亲如愿考进了重庆相辉学院法律系。在大学里父亲接触到一些进步思想，由此父亲心中埋下了革命的种子。

1950年，西南军大招生的喜讯传来，乡政府鼓励青年们积极报考，父亲得知后，毫不犹豫地报考了，之后父亲成为乡里同龄人中唯一的幸运儿，如愿梦圆军校。

在军校这所大熔炉里，父亲感受到作为军人的荣耀，他刻苦学习，努力

掌握军人的各项技能，立志成为一名优秀的军人。

1951年，父亲调往西南军区第二高级步兵学校任文化教员，这对父亲来说又是一个新的起点。为了给学员们讲好课，父亲废寝忘食地备课。家里的书架上，摆满了父亲的书籍和写有教学讲义的笔记本、日记本，都是父亲辛勤耕耘的写照。字里行间流淌着父亲的汗水，镌刻着流光无奈的印记。

父亲在第二高级步兵学校授课的学员中，不乏一些老革命、老干部，他们为中国革命的解放事业立下了汗马功劳，身兼重任的他们深感自身文化知识有待提高。他们虚心好学，亲切地称呼父亲——郭老师。父亲也不厌其烦地为他们答疑解惑。在与他们的接触和交谈中，由衷地感到革命胜利来之不易，他们的执着和信念始终如一，这对父亲的内心触动很大。后来父亲熟识的部分老革命、老干部成为哈军工的中坚力量。1952年，父亲所在的西南军区第二高级步兵学校，集体奉命奔赴千里之外的黑水白山间，组建闻名中外的哈军工。

言传身教　父爱如山

1956年，一个袅袅炊烟的雾晨，佳音破雾而来，母亲终于守得月缺有圆时。哥哥暂留在老家陪伴奶奶，母亲带上头一次穿上鞋子的我，踏上了与父亲的团圆之路。在北上的列车内，一位回乡探亲的解放军叔叔，带给了我们母女俩一路的欢笑和关照。疾驰几昼夜的列车，终于到达了哈尔滨。告别了可敬的解放军叔叔，此时已是风雪交加的傍晚，一位叔叔迎候过来说道："郭参谋今晚值班，派我来接你们。"于是，我和母亲坐上一辆高高的大马车，向目的地驶去。

一路上，穿着单薄的母亲和我被冻得瑟瑟发抖，接我们的叔叔便把自己的军大衣脱下来，披在我们身上。不知走了多久，马车停了下来。叔叔告诉我们："这是八一楼的接待室，在这里等郭参谋吧！"正当我坐在那里，想象着父亲长什么样的时候，突然接待室的门开了，进来一位头戴大盖帽，肩膀上戴着金闪闪的肩章，腰扎宽皮带，而且还别了一支手枪的人。"这就是爸爸吗?"我用疑问的眼神望着母亲。可那人却对母亲说："郭大嫂，郭参谋今晚不能来接你们，由我来带你们先回家吧！"于是，我和母亲跟着他，来到九十五号楼。这是部队为我们准备好的家。

一进门，一股暖流扑面而来：雪白的墙，挂着一幅毛泽东同志像；大床旁边柜子上，摆着一张穿戴和刚才那个叔叔一样的军人相片。母亲告诉我，这就是你父亲。我趴在柜子上，仔细端详着父亲英俊的面容。他那微笑的眼睛，也在看着我。晚上躺在床上，眼睛盯着父亲的照片，不知不觉睡着了。

戴着红领巾的我和爸爸妈妈

早晨醒来，看见一个和照片上长得一样的人正和母亲亲密地说着话，原来这就是我的父亲。几十年过去，初见父亲的情景，仍然历历在目。尤其是他那儒雅的军人风度和言谈举止，以及在我成长过程中，对我的谆谆教诲，至今还深深地铭刻在我的心中。

父亲刚到筹建中的哈军工时，被安排在宣传办文教部工作，那时父亲有个雅号——小秀才，这对一直读书的父亲来说，名副其实。这个岗位令父亲大显身手，写文章、搞宣传信手拈来。即使这项工作很顺手，但虚心好学的父亲从未松懈，继续充实着自己，每天读书已成为他生命中不可或缺的一部分。

父亲的言传身教，对子女来说尤为重要，正是在父亲的影响下，初中时的哥哥钻研精神浓厚，多年后，在我下乡时，大我一岁的哥哥，自己动手组装了一部半导体收音机送给了我，令我爱不释手。那时的父亲二十六岁，风华正茂，能够幸运地走进神秘、令人向往的哈军工，父亲的心中充满了憧憬。听父亲讲，他是作为首批学员进入哈军工的，但并没有作为学员而走进课堂。

这也是父亲心中的遗憾。

随着学院筹建完成，逐步走向正轨，院校划分为五大系，父亲和一部分同来的战友被分配到海军系工作。父亲很快融合在火热的氛围中，建立一支强大的海军是海军系每一位军人为之奋斗的动力。父亲经常带领学员们到黄海之滨的大连进行海上实习。威武神秘的军舰令人心驰神往，而置身其上时，波涛汹涌的海浪，令高大的舰身摇摆起舞，让人胃肠翻滚、呕吐不休。如此不适的体验带给了母亲不尽的担忧，父亲却遥遥传书："与学员们撑起祖国蓝海的安宁，任重而道远……"

年轻颇有抱负的父亲，如鱼得水地在岗位上尽心尽力，由于不适应北方的气候，再加上建院初期的劳累，身体渐渐感到疲惫不堪，经检查不幸患上了肺结核，这在当时可说是一种"不治之症"。乐观豁达的父亲以积极坦然的心态配合医生精心治疗，终于战胜了疾病。

印象中，下班后的父亲，时常伏案疾书，依旧忙碌着繁杂的教学事务。每当我夜半醒来，父亲依然在昏暗的台灯下执笔不疲。有时，其他教员写的各类材料，有求于父亲帮助把关，父亲严谨对待，修改、校对更是常态。

一次，父亲吃过晚饭，伏案继续写着什么，哥哥正好在家，且写得一手好字，文件第二天急用，于是父亲就把一些需要誊写的任务交给了哥哥。头一次为父亲解忧，哥哥心里有些小小的激动，执笔陪伴父亲工作到深夜，终于完成了父亲交给的任务。

我家所在的九十四号楼，是海军系的家属楼，有的叔叔参加过解放战争，有的叔叔参加过抗美援朝，在他们身上或多或少留下了不可隐去的硝烟痕迹。各个系中都有这样一批可敬的父辈，强军凝聚的力量在校园中喷薄，无论是学子还是教职员工都在只争朝夕，助力祖国的日益强大。

心系哈军工　筹建图书馆

1966 年 4 月，哈军工改制为地方体制，集体脱下了作为军人挚爱的军装。其后的几年，哈军工的其他系大部分迁址长沙建校——如今的国防科技大学。留守的三系，1971 年经上级主管部门批准成立哈尔滨船舶工程学院，并在原址就地办学。

图书馆是知识的宝库，也是大学的“心脏”。就地办学，重新安装好这颗心脏是当务之急。1971 年经学院批准成立图书资料组，父亲任副组长，负责图书室的筹建工作。全院上千师生的教材建设与保障是学院的重中之重，这时的父亲责任重大，父亲几乎放弃了休息日，带领科室人员，不辞辛劳，夜以继日地忙碌着，确保着教学任务有序地进行。

作为负责图书室筹建的父亲，那段时间废寝忘食，事无巨细地操劳着，有时累得回家饭都不想吃。有了规模之后的图书室，父亲更是为图书馆的发展壮大倾尽了心血，1985 年，为了满足学院发展的需要，图书馆新馆建设被纳入学校建设规划，1986 年下半年破土动工，从筹备到动工倾注了父亲退休前全部的余热，相信天堂中的父亲，看到他心中的牵挂早已落成，应该可以安然地笑慰了。

【我与父辈】

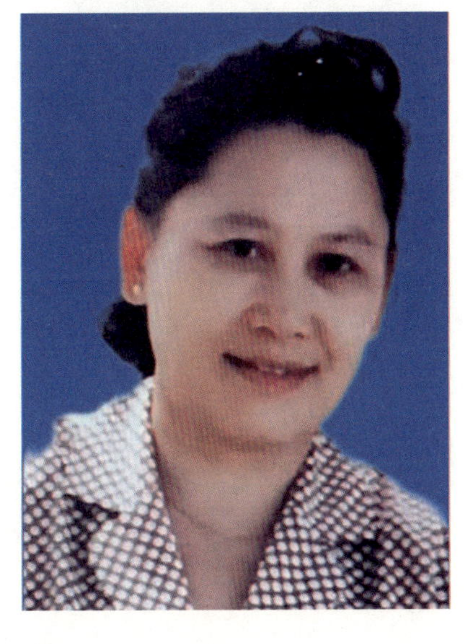

郭一平，郭爱忠之女。1947 年出生于四川省大竹县。1956 年随军到哈尔滨，就读于建军小学、哈十三中，哈一农职中专。1967 年被分配到原总后勤部下属逊克军马场工作，1973 年调哈拉海军马场担任教师，1983 年调原沈阳军区哈尔滨制药厂做统计工作至退休。

虽然哈军工已经远离我们五十多载，但它与父辈带给我们的精神财富，令我们受益终生。难忘哈军工，我们心中永不衰落的家园。

信仰点亮初心　担当铸牢忠诚
——忆我的父亲朱玺昌

（作者：朱荣生）

【父辈简介】

朱玺昌，1930 年 1 月出生于山东省沂蒙山区土山村，1947 年参加中国人民解放军，1948 年加入中国共产党，先后参加过解放潍坊、泰安、曲阜、兖州、济宁的战斗，以及淮海战役、渡江战役和抗美援朝战争，多次荣立三等功、四等功。1958 年抗美援朝战争结束回国后，被派到哈军工海军工程系任学员队指导员。1970 年参与哈尔滨船舶工程学院筹建，任政工组组长，建院后任机关党委书记、党总支书记等职务。

【我的父辈】

信仰点亮初心　担当铸牢忠诚

我的爷爷是一位老党员，怀揣着对党的忠诚和热爱，用自己的行动将“永远听党话、跟党走”的信念深深融入家族血脉中。抗战期间，他无畏生死为前线送弹药、接送伤员，积极参加党组织活动。家里的两个儿子，先后参军奔向抗日战场和解放全中国的战争中。送子参军的家庭在革命老区沂蒙山数不胜数，一家老小上战场的故事也成为村里代代相传的佳话。

父亲是爷爷的小儿子，受爷爷的熏陶，从小就树立了坚定的理想信念和强烈的革命情怀。他 14 岁担任村里儿童团团长，16 岁任村青救会副会长，17 岁参加中国人民解放军，18 岁加入中国共产党。他一生始终坚守和践行着对党的绝对忠诚，把党的道路作为人生道路，把党的目标作为人生坐标，把党的方向作为人生方向，教育我们要永远、坚决听党话、跟党走。在父亲的革命家风教育下，生在新中国、长在红旗下的我，刚刚懂事就对父亲那样的革命英雄无比崇拜，在以后的人生道路上一直用父辈身上闪耀的革命精神激励自己不断为党的事业奋斗前行。

在渡江战役中，飞来的炮弹碎片从父亲的鼻梁旁边穿入，鲜血直流，一只眼睛几近失明，他立刻用手捂着眼睛，但很快袖子就被鲜血湿透。到了后方医院，医生正忙着给伤势更严重的伤员做手术，等排到他时，医生看过伤势说，你现在暂时没有生命危险，先让给更重的伤员治疗吧。父亲当时伤口还在渗血，非常担心会失去一只眼睛，心里特别渴望能马上得到治疗，然而想到还有伤势更重的战友处在生死边缘，他还是决定宁可自己失明也要让更多的战友活下来，于是父亲忍受着伤口的剧痛，毅然让医生先救其他重伤员。就这样熬过了整整一天，才又轮到了他。可那时的战地医院条件很差，又值深夜，只能点着煤油灯做手术。第二天医院院长跟父亲说，你伤口的血基本止住了，我们的手术技术条件和设备条件都很差，脑部神经稠密，能不能给你治疗好没有一点把握，而且依我们的技术做完了手术眼睛也不一定能恢复了。父亲听后说，既然这样，我就回部队吧，一只眼睛也照样能打敌人。话一说完，他就带着伤离开了医院，又回到了部队，继续参加战斗。而他的脑袋里一直留着六七块弹片，后被认定为因战致残七级并颁发残疾军人证。

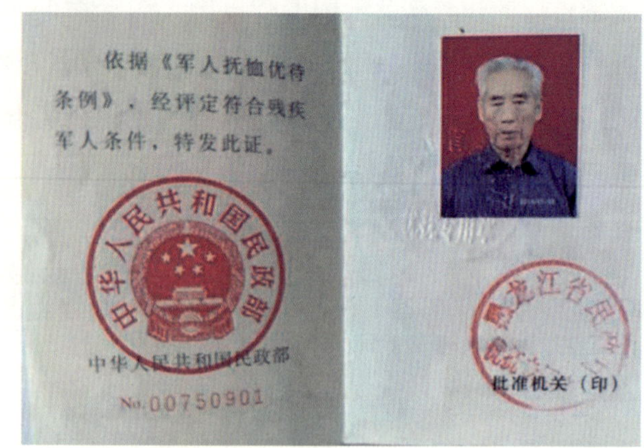

残疾军人证

抗美援朝战争爆发后，我伯父和父亲两人都积极报名参加志愿军，跨过鸭绿江保家卫国。在朝鲜的战斗和工作条件非常艰苦，敌人的炮击和轰炸非常频繁，时刻都有生命危险。有一次，父亲在挖坑道时，因为朝鲜山多，地质非常坚硬，挖了很长时间累得筋疲力尽也没挖多深，就放下铁锹上趟厕所。他回来时发现刚刚挖坑的地方，已经被敌机扔的炸弹炸了一个大坑，铁锹也没有了踪迹。这些与死亡擦肩而过的经历丝毫没有动摇他保家卫国的信念。

一场又一场生死考验淬炼了父亲的革命意志，在枪弹与炮火的洗礼中，意志坚韧的父亲愈发坚定了对党的忠诚和共产主义的信仰，并在新中国成立后漫长的岁月里始终铭记着这份共产党人的初心。他的忠诚担当感染了我，触动了我，也激励了我。当下，物质生活日益丰富，人们的思想也日益多元，但是红色信仰永不褪色，始终是一代又一代共产党人心中的灯塔。

乐于助人　甘于奉献

在那炮火纷飞的战争年代，父亲和母亲的感情生活是与他们践行共产党员的使命交织在一起的。为了党的事业，他们聚少离多，没有寻常夫妻那么多的甜蜜和浪漫，有的更多的是在革命事业中的互相扶持，互相鼓励，相濡以沫，向着共同的使命奋勇前进。

父母一辈子生活节俭，但对待老乡、战友甚至陌生人却是有求必应，热心帮助，最大限度地传递光和热。

以前，经常从老家来一些素不相识的人，托了一大圈关系找父亲办事。因为那时候经济条件都不太好，看到这些人找上门，我有时就不太高兴，更何况也不认识他们，担心来历不正。但是父母从来都是热情接待，并力所能及地帮助他们解决困难。我印象最深的是一位老家的人手筋被割断了，他辗转找到父亲，恳求帮助就医。他当时说，家里穷没钱看病，因此找我父亲帮忙。从来不开口求人的父亲为了帮他治疗，费了很多心思，托了很多关系帮他安排了手术，还承担了所有费用。这人养病期间一直住在我家里，母亲对他细心照顾直到完全康复。对于我的不理解，父亲说："在农村手坏了，人就废了，不能干活儿，就无法生活。我肯定要尽我的最大努力给他帮忙。"在父亲的帮助下，这人的手治疗得很彻底。几年后他从老家来信说，回家以后就能劳动了，并且已经结婚生子，生活很好，非常感激我父亲的恩情。如果没有父亲的帮助，真不敢想象他的命运会是怎样。

还有些人听说父亲在城里"做官儿"，跑来让给安排工作。对于这些人，父亲说："我虽然是在城里工作，但我不是多大的'官儿'，即使我真当官了，也不能随便给人安排工作，我不能滥用党和人民的权力。你们要想找工作，我帮不了忙，只能让你们在这里住几天，然后回去好好务农。在农村只要勤快些，照样也能够生活得挺好。"父亲从来不给我讲大道理，却用自己的言行教会我公私分明、一心为民。父亲经常对我们说，最大的学问就是替别人着想。

爱岗敬业　克己奉公

对党的忠诚与热爱使得父亲无论在哈军工，还是后来在哈尔滨船舶工程学院，都能毫无条件地、绝对地服从组织的安排。他无论到哪个工作岗位，都能愉快地按照组织要求，认认真真、兢兢业业地做好本职工作，真正做到了爱岗敬业。

父亲从朝鲜战场回来以后，经过集训后作为骨干调到哈军工任组织助理员和学员队指导员。为了尽快进入角色，他就住在办公室，一天到晚地扑在学员队工作上。1961 年冬，母亲和我从山东老家搬到哈尔滨，第二天父亲依

然很早就出早操了，让我跟着别人去学校。放学后，我却不记得家住几号楼了。6 岁的我说着一口山东话，问路别人都听不懂，眼看着天渐渐地黑下来，真是又怕又急又气，几乎号啕大哭起来。总算自己找到了家，却发现父亲还没回来，幼小的心中虽然对父亲怨气未消，还是为父亲干的那种神秘的不能回家的工作感到光荣。参加工作后，我逐渐体会到日夜苦干的辛劳，就愈发敬佩父亲的勤勉敬业。

父亲在学校的服务公司担任党总支书记时，服务公司的创新工作先后受到了哈尔滨市和黑龙江省的表彰，并得到了省市两级的经济奖励。父亲说，干一件事情拿两份奖励，不太合适。他就把省里的奖金全部交了党费，在父亲的带动下，班子其他成员也纷纷将第二份奖励作为党费上交了党组织。

父亲的言传身教激励着我始终爱岗敬业，尽自己所能完成组织交给的各项工作任务。他非常希望我能够成为一名大学教授，但当组织希望我担任主管学生工作的党总支副书记时，他又坚定地激励我："你是个党员，党员就应该无条件地服从组织安排。"在我整整 43 年的工作经历中，一直按照父亲的这句话，无条件地服从组织需要。我调到江苏科技大学工作以后，九年间，工作岗位调动了六次，每次都是面对既不熟悉又极具挑战性的工作。每次转岗，我始终牢记父亲的教导，牢记自己是一名党员干部，坚决地服从组织的安排，不讲条件、不讲困难，认真地履行好岗位职责。我负责学生工作时，父亲经常告诫我："你担任的职务对学生来说就是父母官。你必须敬畏这个工作，要有责任心，要有担当。"父亲从来都是严于律己，宽以待人，对我要求更为严格。每当我受到表彰，他总是提醒我，不要看你拿了多少奖励，你的工作还是有差距的，要严格要求自己，多找找差距，才能把工作做得更好。他还经常对我说，别人我们不一定能管得住，但是自己应该管得了自己。

以前，我曾多次希望父亲给我讲讲他在前线作战的故事，他都不肯讲，只是说，我又没有做什么轰轰烈烈的大事，没有什么可讲的。可是，当他感觉自己生命不多时，他突然开始给我讲他的革命故事了。每次讲的时候，他的第一句话都是"永远跟着共产党"。

在父亲生命最后的日子里，父亲看出了我的恐慌和焦虑，安慰我说："你不要太紧张、太难过了，咱们听医生的话，好好地配合治疗。回想我的一生，虽然没有轰轰烈烈的丰功伟绩，但是我对组织安排的所有工作，都是尽心尽力努力完成了，可以说对得起组织的信任。我也没有给你留下什么财产，我的中华人民共和国成立70周年纪念章和中国人民志愿军抗美援朝出国作战70周年纪念章，还有光荣在党50年纪念章你要好好地保管，并传承下去，要教育子孙后代永远听党的话，永远跟着共产党走，做一个对祖国有用的正直的人。”

【我与父辈】

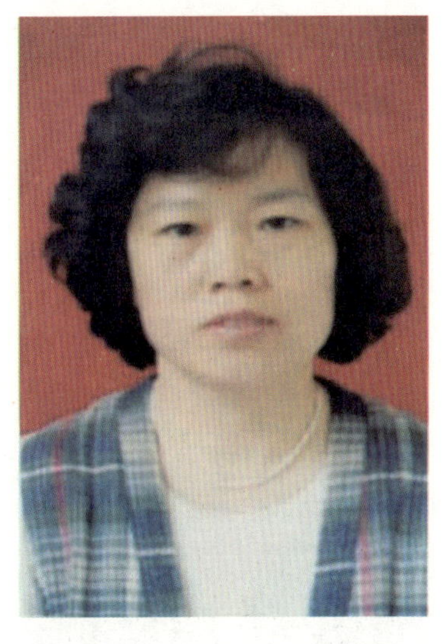

朱荣生，朱玺昌之女，1955年出生于山东省沂蒙山区。1957年秋随母亲去朝鲜探望父亲，1958年随志愿军撤军回国。1978年恢复高考后考入哈尔滨师范大学数学系。1982年大学毕业后在哈尔滨船舶工程学院任教。

父亲的一生于社会而言是平凡的，但于我们而言是伟大的。都说父爱如山，因为山川高大、沉默而又深情，父亲的爱亦是如此，表现在父亲的以身作则中，表现在父亲的辛勤工作中，表现在父亲的谆谆教诲中，表现在父亲生活的点点滴滴中。

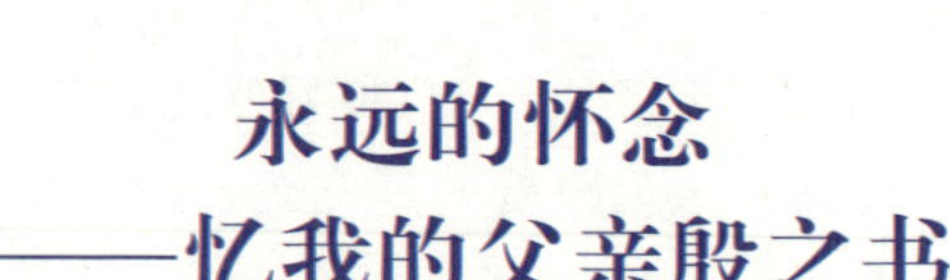

永远的怀念
——忆我的父亲殷之书

（作者：殷人昆）

【父辈简介】

殷之书，1920年9月出生于苏州市甪直镇，先后在苏州工业专门学校、之江大学土木系（上海）、云南大学矿冶系、西南联合大学土木系读书。1946年随清华大学返回北京，任助教、讲师。1952年11月被选入哈军工任教，历任副教授、教授会主任、工程兵系教育副主任等职。1961年调至西安，筹建工程兵工程学院。1983年调任原总参谋部工程兵部顾问，兼任总参科技委员会副主任委员（正军职），当选第四届全国人大代表。曾获水利部科技进步奖一等奖，被国务院授予“对三峡工程勘察论证有特殊贡献奖”，并享受国家特殊津贴。1995年，主持的研究成果荣获国家科学技术进步奖二等奖。

【我的父辈】

勤奋好学　抗日救国

父亲殷之书，字启周，出生在一个书香门第、礼仪世家。祖父殷绥猷时任苏州市吴县（即现在的吴中区和相城区）第十区（甪直区）区长，兼小学校长，生前为角直人民做了很多好事。父亲天资聪颖、为人忠厚，在这样的环境中耳濡目染，养成勤奋好学、温良乐观的好性格。1935 年初中毕业后，父亲考入苏州工业专门学校土木科，打下了良好的专业基础。三年后，考入之江大学土木系(上海)深造。抗日战争爆发后，之江大学内迁，父亲回到家乡没有随行，在堂兄殷之文的指点下，从当时的上海租界出发，辗转香港、广东、广西、贵州、云南，远赴抗日的大后方昆明，参与修建金沙江的水利工程建设和沿途公路桥梁的建设，充当技术员。一年后，父亲离职到了昆明，在殷之文帮助下先入云南大学矿冶系，后转入西南联合大学土木系。四年的学习使父亲积累了丰厚的经验，同时周围的环境也使得抗日救国的思想在父亲心中萌生。受中共地下党的影响，父亲参加了反独裁、反内战的党的外围活动。1945 年 12 月 1 日，即我出生的前一天，父亲参加了当晚的学生运动，直到深夜才回到位于昆明拓东路的家。

1945 年父亲从西南联合大学毕业，因品学兼优，留校当了助教。1946 年，父亲携母亲与刚出生的我，随清华大学回迁北平(今北京)。父亲先后担任清华大学助教、讲师、副教授。工作期间，父亲参加了党领导下的进步组织活动。1948 年初，父亲经何东昌同志介绍，加入了地下进步组织“西马俱乐部”，这是地下党的外围组织，地点在新航空馆地下室。此外，父亲还曾参加地下党组织的社会宣传活动。北平城和平解放后清华大学组织了进步师生进城游行，父亲也是成员之一。

调入军工　投身国防

1952 年哈军工组建，在全国各地选调教师。一天学校通知，有人要参观父亲的材料实验室(在土木工程馆一楼)，要父亲接待，结果来了两位军人。他们走后没几天，学校领导周培源教授和当时的土木系主任李庆海教授一起来找父亲，说学校接到调令，调我父亲到新组建的哈军工，哈军工北京办事处在西城区恭俭胡同，有问题可以到那里了解。父亲到恭俭胡同，出来一位和蔼可亲的中年人接待了我父亲，他们站在院子里一个金鱼缸旁边谈话，后

来才知道那位中年人就是陈赓将军。他介绍了建设哈军工的目的，以及国家、国防的需要和任务。受陈赓院长的感召和建设强大人民军队的鼓舞，父亲决定到哈军工工作，这也得到清华大学校方的支持。父亲调入哈军工前，清华大学破格将他提为副教授，按照清华大学以前的规定，没有留学经历是很难被提升的。

父亲入职哈军工后，随当时主管学院基建的李懋之副教育长以及新调入哈军工的高步昆教授一起，踏勘未来的哈军工校园。他们根据学院的部系和专业设置，规划各部系所需的建筑面积，父亲亲手画了哈军工规划图和建筑总平面图、分期建造设想，还组织编写了总概算表和分期概算表。父亲在清华大学时曾是梁思成教授的学生，他向陈赓院长提出各系教学主楼设计成中式建筑的设想，得到了陈赓院长的支持。在征求苏联顾问的意见后，疏通了军委办公厅、建筑工程部和财政部的关系，批准了五个工程系各自建设一栋仿古教学大楼的方案。在委托黑龙江建筑设计院设计营房时，鉴于他们没有仿古建筑设计的经验，父亲联系清华大学建筑系和北京建筑设计院，帮助黑龙江的同志熟悉设计业务。

在哈军工工作期间，父亲同时在院基建委员会和工程兵工程系兼职，先后担任副教授、施工教授会主任和工程兵工程系教育副主任，1955 年被授衔中校。在抓教学方面，父亲坚决贯彻叶剑英元帅提出的要抓双基训练，即基本知识和基本技能的训练，为部队培养了一大批理论扎实、技能过硬的军事工程师。在抓科研方面，父亲参与了两弹一星的相关科研。父亲任组长的“751”科研组在东花园试验场的这一头搞三峡大坝防空炸、防原子的爆炸试验；以陈能宽为组长的“750”原子弹研制组则在东花园试验场的另一头搞原子弹引爆装置的爆轰试验，在荒凉的官厅水库旁的沙滩上坚持干了两年。

父亲哈军工工作期间照片

1960 年哈军工分建，工程兵工程系分出后在西安组建西安工程兵工程学院，父亲在西安工程兵工程学院担任训练部长，1964 年提升为教授、上校。西安工程兵工程学院远离市区，初创时期条件十分艰苦，父亲积极响应军委工程兵党委的号召，边建设边组织教学。1969 年父亲出席了军委工程兵党代会，并被选为四届人大代表。后来，父亲曾在新组建的南京工程兵工程学院任职，之后父亲调任军委工程兵设计研究所副所长、所长，主持国防工程的设计和研究工作。1980 年，60 岁的父亲转任总参工程兵部(工作)顾问，兼任总参科技委员会副主任委员。1986 年以正军职离休，1988 年被授予少将军衔。

抗洪治水　为民为国

1955 年，哈尔滨遇到百年不遇的大洪水，哈军工官兵坚守松花江最危险的一段大堤，甚至到哈尔滨检查工作的张宗逊上将和陈士榘上将都上了工地。作为防汛技术组的组长，父亲风雨无阻日夜守护在大堤，乘坐微型潜艇监视水下的堤坝，在大坝多处出现管涌和滑坡的危急关头，得到刘居英副院长支持的父亲采用以排代堵的方法，防止了溃坝，保全了大堤，最终战胜了洪水。

下面摘引自滕叙兖老师撰写的《哈军工传》中的一段叙述：

在 24 个昼夜的抢险激战中，殷之书指导大家排除了两个特大险情，其中有一个战胜 800 米全线大滑坡的惊心动魄的大搏斗；还排除了 8 个中等险情，解决了管涌穿堤的可怕问题。有一次，他两个昼夜泡在堤上，眼皮没合，人已经挺不住了，刘有光不容分说，把殷之书塞上车，送他回去睡觉。迷迷糊糊的殷之书上车前还喊着：“快去通知航校，他们那段有 300 米要滑坡啦，快带人去挖沟导渗。”睡了 4 个小时，殷之书又上了堤，他现在已经不光属于哈军工的专家了，整个大堤都有他的足迹。周恩来同志又从北京派来水利部的防洪专家边专员，其人曾在 1954 年战胜长江特大洪水中立过功。这次来到松花江，一见到殷之书，边专员不禁大松一口气：“有殷教授在此，大堤无虞矣!”

事后父亲受到了哈尔滨市防汛总指挥部的表彰，获得一等防汛模范的称号，并在军内记一等功，被当时的哈尔滨市委书记兼市长吕其恩和防汛总指挥部称为“治水之神，军工大禹”。

三峡防爆　功在千秋

1959年，父亲被借调到代号为“751”的三峡防空炸研究组任组长，主持三峡大坝的防空炸、防核子袭击实验以及相应防护措施的研究，由中央军委牵头，调集精兵强将，在位于河北省官厅水库南岸东花园的工程兵试验场对三峡大坝模型持续进行了上千次水下、空中、陆地不同爆炸方式、不同当量的化爆模拟试验，1964年核试验现场也有父亲的身影。以三峡大坝模型作为核试验效应物直接爆轰，取得了珍贵的试验数据，这些试验数据，对以后的三峡大坝设计和防护研究，均起到极为重要的作用。

1978—1986年，父亲又先后做了4种方案共200多次溃坝试验，找出一旦发生大洪水长江中下游淹没范围减到最小的防护方法，可以保全从湖北省沙市到武汉市的广大区域。父亲离休后，仍然在为三峡工程的建设奔忙。1990年初，父亲被国务院聘为“三峡工程审查小组专家”，在宜昌集中审查三峡工程的论证和可行性方案，父亲的防护工程方案得到了一致通过。1990年7月，国务院召开三峡工程论证汇报会，父亲在大会上针对三峡工程遭袭、水灾和应对措施等三个问题，进行了大会发言。1991年春节，父亲受到国家领导人的接见并汇报了三峡工程的防护问题。在国务院授予父亲“对三峡工程勘察论证有特殊贡献奖”后，各类媒体纷纷采访报道。因为贡献突出，父亲获得了水利部科技进步奖一等奖、国家科技进步奖二等奖，还曾获国务院政府特殊津贴。

父亲生前总是强调做人最重要的是“德”，他对革命和事业有着高度的责任感，对于自己的工作从来不讲条件，任劳任怨，在国防工程教育、治理洪水、三峡工程防核袭击等方面，做出了特殊的贡献。父亲在工作上特别认真，在待人上特别宽厚，在为人上宠辱不惊，在教育子女上十分严格，他以自己的一生行动给我们树立了做人的榜样。

【我与父辈】

殷人昆，殷之书之子，1945 年 12 月出生于云南省昆明市；1953 年随父母到哈尔滨入建军小学上学，1964 年高中毕业考入清华大学工程力学系，1971 年进入总字 342 部队工作。1978 年考取清华大学电子工程系研究生，后留校任教。1985—1986 年公派日本，在东京理科大学研修“软件项目和产品的质量管理”课题，回国后转入软件工程组，承担多款软件工程工具的研发，出版多本教材。

父亲一生从不给人添麻烦，总是无条件地默默奉献，以最好的成绩服务人民、报效国家，这是“大工至善，大学至真”的哈军工精神，也是中国军人的精神。

聚是一团火　散是满天星
——忆我的五位哈军工父辈

（作者：徐飞）

【父辈简介】

父亲徐升祥，1952年从清华大学选调到哈军工，是建院时全院最年轻的讲师和讲师以上教师中唯一的党员，首批入伍的六名“老教师”之一，1962年晋升副教授，曾任电工教研室副主任、代主任。

母亲罗惠欣，1952年由第二高级步兵学校赴哈尔滨参加哈军工建院，在院翻译室任翻译。

姨母罗梅欣，曾任建军小学（现哈尔滨市育红小学）教导主任、副校长、校长，是该小学第四任校长。

姨父赵一民，1952—1955 年期间担任陈赓院长秘书，是陈院长在哈军工期间的首任秘书。

岳父王振青，哈军工第四期毕业后考上哈军工电子工程系的研究生（1961 年），是慈云桂院士指导的计算机专业首名研究生。

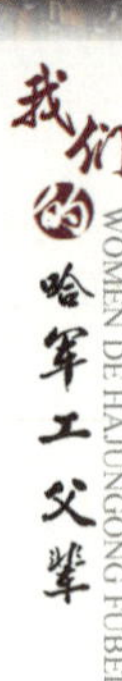

【我的父辈】

从清华学霸到哈军工最年轻的讲师

我的父亲徐升祥是陈赓院长亲自主持从全国著名高校选调到哈军工的教授、讲师中的一员。父亲1950年夏从清华大学电机系毕业，以强电专业排名第一的优异成绩留系担任助教，1952年10月加入共产党。父亲1928年出生，调哈军工时不到25岁，是哈军工建院初期最年轻的讲师，并且是建院时讲师以上教师中唯一的中共党员。

父亲结缘哈军工的过程很平凡，当时的系领导找父亲谈话说："调你去哈尔滨军队新成立的大学工作。"就这样，父亲就来到了哈军工。1953年11月，从全国各地选调到哈军工的讲师以上教师（当时通称"老教师"）中有6人被批准参军入伍，分别是朱起鹤、黄明慎、罗时均、庄逢甘、徐升祥、刘长禄。11月4日在哈军工大操场举行入伍宣誓大会，6位教师和助教队助教及第二期学员面向军旗庄严朗读"入伍誓词"，陈赓院长致训词，还亲自担任6位老教师的监誓人，并向每人授予军徽、胸章，祝贺他们光荣参军。之后，哈军工的教师们分批陆续被批准入伍。父亲每每回忆起这一天，语气都无比自豪，神采飞扬。

父亲在哈军工期间一直在电工原理教授会（后改称教研室）工作，到20世纪60年代，父亲开始担任电工教研室副主任、代主任。随着哈军工学科专业的不断发展建设，很多老教师陆续调去新专业、新系成为骨干。父亲作为"新生力量"，秉承老教授们始终传承的哈军工精神，在自己的岗位上积极发挥作用。

哈军工南迁长沙后不久，父亲转到自动控制系，1982年晋升教授，多年担任教研室主任，直到退休一直工作在教书育人的第一线。父亲去世前几年，我们姊妹曾问父亲为何当年同意从清华大学调去哈军工，父亲干脆地说："我什么都没想，投身国防建设，助力国家发展，我当然接受，当时正在抗美援朝，人家还在朝鲜流血牺牲，我这又算什么……"

电工原理教授会合影

（一排左三至左五：李宓主任、张良起副主任、父亲徐升祥，约 1957 年）

从军营走出的哈军工女翻译

我的母亲罗惠欣，1949 年在高中放暑假后从河南老家来到南京二野军大，找到在女生大队当中队长的姐姐后参军入伍。二野军大改为西南军大后，母亲转到俄文团（后为第二高级步兵学校俄文大队）学习俄语，毕业后留在校办公室任见习翻译。1952 年 9 月，母亲随二高步校迁到哈尔滨，在哈军工院翻译室工作。

哈军工从成立起到 1960 年，有着庞大的苏联顾问、专家队伍，人数最多时，同时在学院工作的顾问、专家达 87 人，其数量在军队单位和全国高校中是人数最多的。因此，当年哈军工有不少翻译人员，学院和各系都有翻译室。院翻译室编制在科教部（后改为教务部），由科研处代管（同一个党支部），分为政治、科技两个组。政治组负责学院政治、教学、行政方面及院首长和首席顾问的讲话、来往信件等的翻译；科技组分别对口学院直属各基础课教授会，负责相应教材翻译。

哈军工院翻译室政治组

（前中为母亲罗惠欣，1957 年 11 月）

母亲在政治组，组长是陈元兴，翻译还有锻钢等。母亲最初的翻译同事，大多是她在第二高级步兵学校俄文大队的留校同学。1953—1956 年，每年都有从解放军俄语专科学校（大连俄专）分来的毕业生充实到哈军工的翻译队伍。

院翻译室政治组工作繁忙，学院机关各部每月的工作计划、总结，院内主要会议的日程、讲话，教授、副教授的履历等，都要译成俄文给顾问看。建院初顾问草拟了一份《教学组织基本条例》，翻译室用一个星期就将其翻译成中文，交机关相关部门和领导审查后下发全院执行。母亲回忆，那时材料送来都很急，很快就要出译文，常常分给每人几段同时翻译，再互相校对，经常加班开夜车。首席顾问奥列霍夫、副首席顾问叶果洛夫和学院领导的口译主要是锻钢，陈元兴协助；后来到院的政治顾问诺维克由宁钢负责口译，学院政治教员上课的讲稿都要译成俄文给他看，母亲和姚香华负责笔译。

1953 春，哈军工为讲师以上老教师举办俄语速成班，使用的教材是父亲从清华大学带来的，院翻译室的翻译们分工为老教师进行辅导，母亲负责辅导周鸣瀏、何乃民两位教授。随后，又为从高校毕业分配和从军队调来哈军工的大学生组成的助教队举办俄语速成班，院翻译室继续负责辅导。

1955 年 1 月，哈军工召开全院翻译大会，首席顾问出席并提出“翻译应争当工程师翻译”，大会评出了各翻译室评议推荐的先进个人。母亲被评为“翻译工作成绩优良者三等奖”。母亲回忆说有段时间负责翻译苏联军报《红星报》上连载的有关原子弹的文章，译文登在院报《工学》上。哈尔滨的冬天下午天暗得很早，由于字小灯暗，母亲很快就戴上了近视眼镜。1956 年 10 月母亲入党，入党介绍人是院翻译室主任石磊和助理员刘志一。

1960 年夏，苏联专家、顾问回国，不久炮兵系、装甲兵系、工程兵系和原子化学防护系相继从哈军工分出，空军系和海军系的翻译室撤销，两系的翻译都转到院翻译室和俄语教研室。20 世纪 60 年代时母亲曾被派到电子工程系 441B 计算机任务组。哈军工的时光是母亲一生中最难忘的工作经历，全心投入，热情澎湃。

育红小学史上第四任校长

姨母罗梅欣，1956—1958 年任哈军工附属建军小学(哈尔滨市育红小学前身)校长，是该小学历史上的第四任校长。姨母 1944 年考入河南大学中文系后，阅读了大量进步书刊，积极参加进步学生爱国运动，在中共地下党组织的安排下于 1948 年 2 月(大学毕业前一个学期)奔赴解放区参军。姨母参军后在豫西军区军政干部学校工作，不久随学校参与组建鄂豫陕军政大学，之后分别在中原军大、二野军大、西南军大工作。

1950 年 8 月，姨母调任西南军大女生大队育才小学教导主任。育才小学的学生是重庆西南军大的干部子女，老师都是军人。1951 年春，西南军大改建为第二高级步兵学校，随后育才小学更名为建军小学。1952 年暑假后，建军小学的学生全部随父母北迁哈尔滨。9 月下旬，姨母与学校的工作人员来到哈尔滨。初到哈尔滨，哈军工校舍还没建好，学生需要到地段街的兆鳞小学借读，由老师负责每天接送学生。不久建军小学搬到巴陵街 173 号院，有了教室和师生宿舍后，学生每周六回家，周日返校。

1954 年，姨母担任建军小学副校长，此时学校归哈军工政治部组织部领

导，已搬入新建的二层校舍，教师和学生人数都有增加，学生都已回家居住，改为走读。1955 年军队授衔前夕，姨母和建军小学的全体军人集体转业，他们摘下帽徽、胸符，集体向军旗告别；之后大家仍旧穿着一身军装，工作态度一如既往。1956 年秋，姨母接替调离的李夏湘校长（哈军工海军系黄景文主任的夫人），担任建军小学校长。上任以后，姨母和学校领导班子非常注重学生的全面发展，开设包括体育、音乐、美术等课程，在上课之外还注意培养学生热爱劳动，专门划出了一块地交少先队种向日葵。1957 年，建军小学面向地方招收了一批青年教师，这批青年教师成长很快，后来都成为学校的骨干力量。姨母和学校领导还十分关心教职工子女入托的问题，专门向上级打报告申请，在建军小学校内办起了托儿所，解决了学校教职工的后顾之忧。

集体转业之前合影留念

（中排右二为姨母罗梅欣）

陈赓院长在哈军工的首位秘书

姨父赵一民，1952 年 12 月至 1955 年 3 月担任陈赓院长的秘书，是陈赓院长到哈军工后组织上任命的首位秘书。之前姨父在重庆第二高级步兵学校政教系任助教，1952 年 9 月随校迁往哈尔滨途经北京时，被安排留京参加哈军工首期学员军委直属单位招生组的招生工作，在招生即将结束时被调到陈赓院长身边。姨父说当时陈赓院长是让张衍在第二高级步兵学校的“文化人”中推荐一个秘书，而姨父1946年毕业于西北师范学院国文系，参军前曾在中学当老师，由于在陈赓院长身边工作的刘云参谋马上要去学习，见到陈赓院长的第二天姨父就背上背包来到西单灵境胡同10号陈赓院长的住处。

1953年夏天的哈军工，各部门都在为9月1日开学而紧张忙碌着，陈赓院长请毛泽东同志为学院报纸题写的“工学”手迹，是8月下旬由姨父到北京军委办公厅取回的。姨父说回来时正遇上辽河发大水，大虎山到沈阳的铁路被冲断，他乘火车从大虎山绕道彰武、通辽、四平才回到哈尔滨，因为火车经过了内蒙古沙漠边缘，所以印象深刻。

学院开学上课后，陈赓院长经常到教室和学员宿舍。一次陈赓院长听了一堂政治课后说，政治课不是讲原理、举例子就完了，而是要解决学员的立场、观点、方法问题，要让学员转变思想，树立革命的人生观。又有一次，陈赓院长在海军系听到学员反映课间休息时经常喝不到开水，让姨父通知教务处杜鸣珂副处长和军需处杨中一处长等人，当天晚上到海军系大楼开会，解决了学员课间喝水的问题。陈赓院长经常在院区到处转，走遍了建筑工地现场，还曾带着伤腿登上了50米高的水塔脚手架。

陈赓(左五)与家人、工作人员在长陵石牌坊前

(右五为姨父赵一民，1953年3月)

哈军工初创时期，许多工作要请示中央军委、政务院解决，陈赓院长是七届中央候补委员，中央一些会议他都要参加，所以经常去北京，每次姨父都跟着去。姨父说那两年几乎是一半时间在哈尔滨，一半时间在北京。1954年10月，姨父跟随陈赓院长到北京出差才知道中央已经任命陈赓为副总参谋长，仍兼任军事工程学院院长和政委。担任副总参谋长之后，陈赓院长就离开哈尔滨到北京中南海西门内军委办公地上班。姨父的工作关系也转到总参谋长办公室，搬到了灵境胡同10号院内东厢房靠北的房间长住。姨父回忆，陈赓院长下午工作结束后经常坐车到王府井，然后下车到东安市场转转，从南头入口进去走到北口出来，再坐车回家。这就是他工作忙碌一天后仅有的散步休息。

1955年3月，姨父被安排到政治学院学习，学习结束后回到哈军工党史教授会任教。

慈云桂指导的首名计算机研究生

我的岳父王振青，从哈军工第四期毕业后考上慈云桂老师的研究生，成为慈云桂院士早年指导的计算机学科的首名研究生。岳父1955年8月从北京市一中被保送到哈军工，一年预科学习之后，进入空军系无线电专科学习。六年学习期间岳父的成绩一直名列前茅，先后担任团支部委员、课代表、经委会主任、副班长、班长等职。1961年5月，岳父被评为空军系先进积极分子，受到系首长“通令嘉奖”奖励。

1961年10月，岳父以优异的成绩本科毕业，毕业前参加当年研究生入学考试，被录取为电子工程系副主任慈云桂老师指导的电子计算机专业的研究生。哈军工电子工程系是在原空军、海军、炮兵三个系的雷达和无线电相关专业基础上于1961年8月成立的。早在1955年哈军工就招收了第一批3名研究生，其中胡守仁是慈云桂老师指导的雷达专业的研究生；1961年11月哈军工招收4名研究生，岳父成为慈云桂老师转攻计算机学科后培养的首名研究生。

岳父王振青（左二）和导师慈云桂（左三）等在老红楼下（1964 年 5 月 1 日）

在电子工程系，岳父一边跟随导师慈云桂系统学习电子计算机的理论知识，一边在其领导下参加计算机教研室的科研工作。岳父先后参加 441B 晶体管电子计算机、441D 晶体管数据处理计算机的研制，参加指导邮电研究院等单位的长途电话自动计费器的总体方案设计，完成 441B－Ⅲ晶体管通用电子计算机系统设计和运算控制器的研制等工作。1966 年 3 月，哈军工电子工程系党委为 441B 计算机研制组记集体二等功，同时岳父荣立个人三等功。在学院南迁长沙前后，岳父跟随慈云桂教授全程参加 718 工程“远望 1”号测量船中心计算机——151－Ⅳ型 200 万次大型集成电路通用电子计算机的研制，因成绩突出岳父再次荣立三等功。

随着科学春天的到来，慈云桂教授领衔研制我国首台亿次巨型计算机，岳父作为慈教授的主要助手之一，担任研制工程总体组成员、硬件总体组组长，负责主持巨型机的硬件研制、技术协调和生产组织工作。经国防科技大学计算机系兼研究所广大科研人员五年多的顽强拼搏、艰苦攻关，1983 年底“银河”亿次巨型计算机完成了国家鉴定。在“银河”研制任务中，岳父先后在 1980 年和 1984 年荣立三等功、二等功，获得晋升 2 级技术等级的奖励；在“银河”巨型计算机荣获“特等国防科技成果奖”的 16 位主要完成者名单中，岳父位列慈云桂、胡守仁之后排名第三。

1980—1990 年，岳父先后担任国防科技大学电子计算机系兼研究所副主

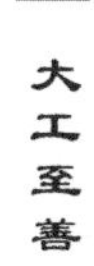

任、国防科技大学训练部副部长，之后被调往北京国防科工委指挥技术学院（今战略支援部队航天工程大学）直至退休。

一代人有一代人的使命，一代人有一代人的担当。五位父辈在青檐碧瓦下、军工号角声中用忠诚、坚韧、团结、创新书写报国志，是哈军工让他们相识、相知，让他们最终成为一家人。五位父辈在各自的岗位积极发挥作用，同时也凝聚在一起发挥“1+1+1+1+1>5”的力量，投身到无私的为国奉献中。浓浓的哈军工情将大家紧紧地系在一起，让他们聚是一团火，散是满天星！

【我与父辈】

徐飞，徐升祥之子，1961 年出生于哈军工，在职研究生学历，编审。1982 年毕业于国防科技大学电子技术系，先后在解放军第二十六基地（西安卫星测控中心）、国防科技大学教务处、国防科技大学出版社工作，历任助工、参谋、工程师、编辑、总编室主任、副编审、编辑室主任、编审、编辑部主任。

珍贵的遗产
——忆我的父亲杨忠信

（作者：杨开国）

【父辈简介】

杨忠信，1923 年出生在山西省灵石县董家岭村。1937 年参加革命，同年入党。1940 年入抗日军政大学学习。1945 年 12 月在陕甘宁晋绥五省联防军随营学校（后改名贺龙中学）任政治指导员、班主任。曾参与百团大战、灵石王禹罗汉阻击战、晋西南战役、西北西南解放等数十次战役。1950 年在西南军大、第二高级步兵学校任营教导员。1952 年奉命参加哈军工筹建，曾任三系（海军工程系）舰炮及指挥仪专科主任、政委，原子工程系教务处长，在学院教务部任教务处长兼教材科长。离开哈军工后先后在山西省机械厅、太原市物资局任副书记、副局长等职。

【我的父辈】

少年勇立报国之志　半生戎马军营为家

父亲出生在山西省灵石县一个名叫董家岭的小山村。爷爷肩挑一副货郎担，靠卖些针头线脑勉强维持生活。爷爷希望父亲能发奋读书改变家庭的命运，而父亲也不辜负期望努力学习，小学成绩在全县一直名列前茅。

父亲 1950 年于成都

日本帝国主义侵华的炮声打破了平静的生活。父亲所在的小学校长和老师是地下共产党员，将品学兼优的父亲悄悄发展为抗日牺牲救国同盟会会员，又号召学生们参军抗日，保卫中华。于是父亲和其他骨干同学一起在校长的带领下走家串户，宣传立志报国思想，激发同学们的抗战热情。仅仅是父亲所在的一所学校就有近百名师生投笔从戎，参加了由共产党组织领导的山西抗日决死二纵队，奔赴抗日前线，年仅十四岁的父亲从此开始了戎马半生的战斗生涯。

父亲从小写得一手漂亮的毛笔字。参军后连长看父亲字写得好，于是将一个木桶和一把毛刷交给他，要求他尽可能地多刷写一些抗战内容的标语。于是父亲走村串乡，走到哪里就把抗日标语刷写到哪里，成为一名抗日宣传员。

一次父亲和班长正在山下一个集镇上刷写“坚决消灭日本侵略者”的大字标语时，远远看到来了一队日本兵，只好立即向山上撤退。为了减轻负担，班长让他赶快扔掉木桶和毛刷。父亲一时舍不得，就随手将木桶和毛刷藏入路边的荒草洞里，日本人看到山深林密就停止了追击。第二天父亲换上便装，偷偷下山绕行六个多小时将木桶和毛刷找到，又藏进柴火捆里假扮成拾柴的小孩，将木桶和毛刷背回了驻地。连队干部知道此事马上提醒父亲，以后坚决不能再干冒险的事，木桶和毛刷没了可以再找，人要是有个三长两短损失可就大了！父亲却说：“你们手里有枪支弹药、大刀长矛，我手上啥都没有，木桶和毛刷就是我的武器，我是战士，可不能丢了我的武器！”就这样父亲走一路刷一路，让抗战到底的标语和决心伴随着部队的驻地，深深扎根于人们的心中。

入伍不久，父亲就随决死二纵队参加了灵石县王禹乡罗汉高地原阻击战。他们在灵石县赵家沟对抗日本侵略者，当时日本侵略者依仗自身武器优良、装备齐全，又见八路军中许多战士都是刚上战场的学生兵，更加有恃无恐地向我决死纵队发起进攻。决死纵队的学生兵尽管所持的武器简陋，子弹和手榴弹短缺，作战经验也相对不足，但不缺的是爱国的勇气和一腔抗战的热血。他们不顾刺眼的催泪弹，勇敢地与敌人展开拼死肉搏。他们不顾一切、坚持到底，真正践行了与敌人决一死战、宁死不屈的誓言。

父亲刷写的标语

在这场敌我装备悬殊的残酷较量中，日本侵略者死伤300多人，我决死二纵队伤亡200多人，其中有60多人是十四五岁的青少年学生娃。他们为国捐躯，献出生命。正是无数革命先烈的前仆后继，才有了如今祖国的安宁和人民的幸福。

父亲（中）在陕甘宁与战友合影

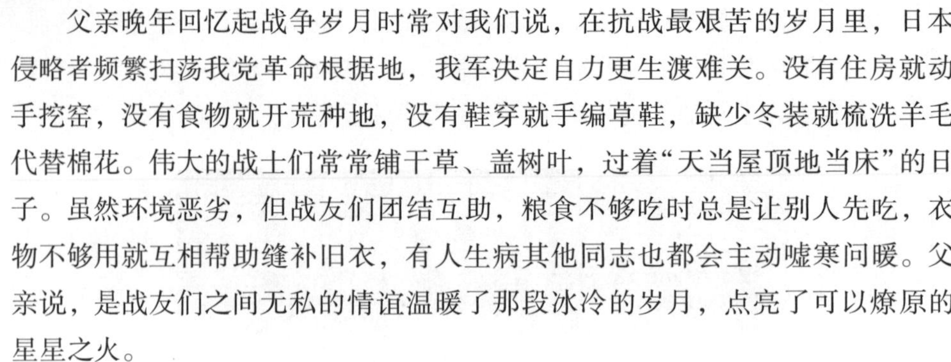

父亲晚年回忆起战争岁月时常对我们说，在抗战最艰苦的岁月里，日本侵略者频繁扫荡我党革命根据地，我军决定自力更生渡难关。没有住房就动手挖窑，没有食物就开荒种地，没有鞋穿就手编草鞋，缺少冬装就梳洗羊毛代替棉花。伟大的战士们常常铺干草、盖树叶，过着“天当屋顶地当床”的日子。虽然环境恶劣，但战友们团结互助，粮食不够吃时总是让别人先吃，衣物不够用就互相帮助缝补旧衣，有人生病其他同志也都会主动嘘寒问暖。父亲说，是战友们之间无私的情谊温暖了那段冰冷的岁月，点亮了可以燎原的星星之火。

走进哈军工　投身国防教育

进军大西南后，父亲随所在部队来到重庆，在第二高级步兵学校担任团级指导员。1952 年，根据国防建设需要，中央决定成立哈军工，考虑到二野办学有较好基础，决定让第二高级步兵学校这支部队到哈尔滨参与筹建哈军工。

当时哈军工请来七八十位苏联专家当顾问，还从全军抽调了一批有高中以上文化程度的干部，成立了 5 个系、22 个专科。全院 180 多名教师都是从全国各地挑选而来的，父亲是哈军工海军工程系党委委员，是海军工程系最初筹建人之一。

1953 年 4 月，哈军工海军工程系正式成立，父亲担任海军系舰炮指挥仪专科主任。为了更好地提高军队院校管理水平，父亲虽到中年仍刻苦学习，努力钻研业务。1959 年 8 月，父亲被选送到中国人民解放军政治学院深造。

为加快国防现代化建设步伐，发展提升“两弹一星”等尖端科技，陈赓院长根据中央精神提出了“尖端集中、常规分散”的办学方针。学院于 1961 年新组建成立原子工程系，开创了中国教育史上培养导弹工程专业技术人员的先河。当年 8 月，父亲从中国人民解放军政治学院毕业后，从海军系调入新成立的原子工程系，担任该系教务处处长。1963 年因工作需要，父亲兼教材科长，负责学院宏观教学中相关事务的协调和管理。父亲一直坚守在自己的岗位，工作中一丝不苟，积累了一定的教学及管理经验，直到 1966 年才转业离开哈军工。

在哈军工工作期间，父亲的工作和业务受到教师们的认可，多次被评为先进模范。1954年还被学院选拔赴北京参加国庆观礼，成为学院登上天安门国庆观礼台的十人代表团成员之一。

父亲曾先后获得过十几枚荣誉勋章，其中包括中华人民共和国三级独立自由勋章，抗日军政大学毕业纪念章，西北人民功臣章，中华人民共和国三级解放勋章，“朱德青年队”模范奖章，解放华北、西北、西南纪念章，全国人大慰问纪念章等。

父亲所获奖章

白首新程献余热

1966年初，哈军工等四所军事院校改制，父亲从哈军工转业到地方，后来被临时分配到山西省重工业厅(后更名为山西省机械厅)，后又被调到太原市物资管理局当领导。在那个物资紧缺的年代，父亲把军队的艰苦奋斗精神带到了地方。他和其他领导一起齐心协力，经过几年的努力，不仅给一穷二白的单位建起了办公楼、宿舍楼，还多次被评为太原市的劳模和反腐倡廉先进工作者。

父亲一生廉洁自律、省吃俭用，平时总是穿着一身发白的旧军装，衬衣和袜子总是补了又补，但每次给灾区捐款捐物却毫不吝啬。离休后父亲担任贺龙中学和西北军政大学山西校友会会长，其间经常组织各类公益活动，为灾区和贫困老区慷慨解囊，做了许多有意义的事。

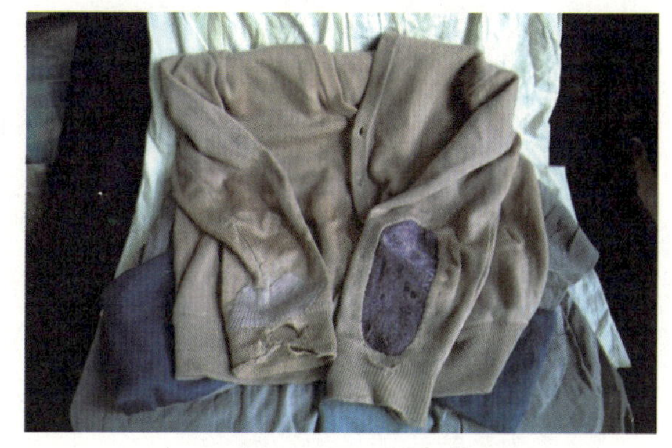

父亲打满了补丁的旧衣物

哈军工海军系学员代表专程登门给父亲祝寿

【我与父辈】

杨开国，杨忠信之子，山西省灵石人，1950 年 1 月出生，1968 年参军，1969 年入党。1986 年转业后任山西省商务厅国际经贸信息中心副主任、《国际经贸报》记者站站长、《山西商务报》副主编，曾有多篇撰文受到山西省政府和媒体的表彰。

人都说父母是子女人生成长中的第一位老师。父辈们坚定的信仰，甘于奉献的人生理念，艰苦奋斗的毅力，求真务实的优良作风，无形中影响了我们。父辈们的精神，不仅始终是我学习和工作中无形的标杆和榜样，而且也使我在学习和生活中，无论遇到什么问题，父辈们的教诲都会成为鞭策我前进的动力。

年少心向党　一生献国防
——忆我的父亲高天炎

（作者：高小林）

【父辈简介】

高天炎，1938 年 7 月年仅 13 周岁就加入了中国共产党，1938 年 9 月参加八路军，历任教导员、兵团保卫处副处长、兵团总站政委、朝鲜军事停战谈判中国代表团成员、空军机场政委等。在哈军工历任空军系特设科政委、导弹专科政委、导弹系政治处主任、导弹系党委监委书记、学院保卫部部长等职。离开哈军工后在六机部 6848 厂（核潜艇）任党委副书记。

【我的父辈】

我的父亲高天炎少小离家，参加抗日战争八年、解放战争四年、抗美援朝工作五年，之后回国陆续从事导弹、原子弹、核潜艇等工作直到离休。父亲的人生脚步始终踏着民族复兴、国家富强的鼓点，将其有限的生命都贡献给了中国共产党最伟大的事业。他的事迹与精神已经化作我们晚辈们的血脉，并教育子子孙孙传承。

民族危难之时加入共产党

当日本侵华战争延伸到父亲生活的土地上时，正在河北省南宫县（现南宫市）中学上学的父亲在姐夫盖主乾校长（南宫地下党负责人之一）的引导下，毅

然决然地参加了共产党领导的澎湃剧社，积极开展抗日救亡宣传活动。1937年9月，年仅12岁的父亲担任澎湃剧社小队长。在共产党南宫县负责人闫统三(后为八路军冀南军区敌工科长)、盖主乾(后为八路军东进纵队支队政治教导员，牺牲在抗日战场)潜移默化的影响下，1938年5月父亲向共产党领导的中华民族解放先锋队(原澎湃剧社组建)递交书面入党申请书和个人材料。一个月后，闫统三找我父亲谈话，告之组织同意了他的申请。1938年7月，父亲在鸡泽县的一所乡村小学履行入党手续。从此，父亲下定决心为党的事业努力奋斗，不惜为党牺牲生命，并用一生践行他13岁的青春誓言。

一天党组织交给父亲一项艰巨的任务——绘制这一带的地图。父亲历时10天，徒步奔波于曲周县、邱县、威县，用学校学习的简单知识、极简陋的工具测绘了三个县的地形地貌草图。1938年9月，父亲在南宫县城参加八路军一二九师东进纵队宣传队，任副分队长。11月，宋任穷政委和政治部主任刘志坚到东进纵队宣传队检查工作，父亲将自己记载和勾画的地形地貌草图共四张和笔记交给了首长。宋任穷政委看后很高兴，对父亲说："你入党的事我们知道了，你是冀南军区年龄最小的党员，任务完成得好，做了一件有利于抗日的事，好好努力吧!"

1942年是抗日战争最艰难的一年，每次作战都有上万名日本兵，八路军冀南军区部队损失严重。17岁的父亲时任2营4连指导员，靠熟悉地形和机智勇敢、指挥得当、将士奋勇拼杀，全连125名干部战士冲出包围圈109名，是20团唯一成建制突围的连队。冀南军区授予父亲模范干部称号，直接提任2营教导员。

珍藏的老照片　"二弹一艇"之缘

父亲有三十多张他十分珍爱的老照片，装在一个很有年代感的旧式中等皮夹内，有抗日战争、解放战争和抗美援朝各时期和领导、战友的合影照片。这是他和母亲在战火纷飞的年代，于枪林弹雨中保存下来的，有时要揣在怀里才能安心，那种感觉就像亲人不曾分离。

父亲入朝作战抗击美联军，参加谈判代表团又遇上老首长陈赓司令员，父亲在代表团里活跃、干练的表现给陈赓司令员留下深刻印象。1955年9月父亲回国述职，被调任驻捷克斯洛伐克大使馆武官。此时陈赓大将已经任哈军工院长四年，正在落实“两老办院”，正苦于难寻有些文化又精干的老革命，得知父亲回国，便调父亲到学院工作。父亲坚决听从组织，不久便携全家到哈尔滨。

1956 年 5 月，陈赓院长筹备创建中国第一个导弹工程专业，任命我父亲为政委。1958 年在陈赓院长的领导支持下，父亲任组长、周祖同任副组长首次进行固体导弹的研究设计工作。1958 年，在陈赓院长的亲自领导和指导下，父亲参加组织、创建中国第一个导弹工程系。1964 年，父亲代表学院见证了中国第一颗原子弹爆炸，是哈军工 55 名正师以上干部中唯一一位参加研制导弹、原子弹、核潜艇的领导干部。

听总理教导　辈出女英杰

周恩来同志和邓颖超两次视察哈军工，父亲都有幸参加接待，随刘居英院长陪着周恩来同志和邓颖超视察导弹工程系。1959 年 12 月 21 日，周恩来同志视察导弹工程系，在红楼导弹实验室周恩来同志仔细察看苏制导弹实弹，当抬头望着这枚 20 多米高的地对地导弹，对刘居英院长说：“这个大家伙够笨重的了，如果我们自己制造，能不能做小一点?”随后又鼓励导弹工程系的同志们说：“你们从事一项很光荣的工作，在学习外军的同时，要自力更生地发展我们自己的导弹事业，希望你们努力啊!”

周恩来同志第二次视察哈军工时，父亲陪着邓颖超看望导弹工程系学员。邓颖超十分关心女学员，并在女学员宿舍楼和导弹工程系女学员在一起开了座谈会。在学员座谈会上邓颖超关切地询问女学员们的学习、工作、生活情况，鼓励学员们说：“你们是军事工程学院招收的第一批应届高中毕业的女学生，要珍惜学习机会，勤奋向上，努力攀登国防科技高峰!”

座谈会结束后，时任导弹工程系党委常委的父亲带领大家认真学习领会周恩来同志的教导，坚持自力更生，走自己研发导弹的道路。严字当头一丝不苟，严出了高师，严师出了高徒。在全体干部、教员、学员的共同努力下，导弹系的学员工作成绩斐然，走在全院前列。父亲认真总结 504 教研室张金槐讲师的先进事迹和教学经验，并概括出“张金槐八点教学方法”，得到院党

委肯定。导弹工程系党委还注重对女学员的教育培养，开展结对子互教互学、一帮一、一对红。59562 班女学员张凤英被评为全院优秀学员的学习标兵，59562 班女学员陶琳多次在全院大会上介绍学习经验、先进事迹。后来戴其萼主任回忆说，导弹系毕业班 90%的学员入党，比例是全院最高的。

赴朝谈判 铸剑造利器

1950 年 10 月 19 日，父亲时任解放军 23 兵团党委委员、兵团保卫处副处长，以 23 兵团总站政委的身份随第一批中国人民志愿军秘密跨过鸭绿江赴朝鲜参战，并负责和朝鲜人民军的联络工作。父亲参加了抗美援朝战争的五次战役，不怕牺牲，率部英勇抗击美联军。

1951 年 7 月 10 日，朝鲜停战谈判首次会议在开城举行，李克农团长率领的中国代表团由解放军各大军区选调一名保卫处长组成，父亲由解放军华北军区选调，在中国谈判代表团负责安全保卫、通信电台工作。1953 年 7 月 27 日，《朝鲜停战协定》在板门店正式签字。

1953 年 4 月 26 日，参加停战谈判的中朝方代表团进入板门店停战谈判会场，右一为父亲高天炎

1970 年，中央组织部和原总政治部通过省军区急调父亲和张景华(海军工程系政委)等人到北京国务院国防工办报到。国防工办方强主任亲自和父亲谈工作，拟派父亲去研制核潜艇的工厂担任领导。父亲坚决听从组织安排，来到连柏油路都没有的荒岛，和 6848 厂政治部王主任一起连续半个月到十几个山区、农村走访和看望被下放的造船老干部和老工程技术人员。到厂一个月后，父亲给相关部门写的报告得到批准，6848 厂党委立即贯彻执行，500 户回厂、500 多名造船老干部和老工程技术人员重返建造核潜艇的重要岗位。父亲又给中央打报告后，千名大(中专)学生来到 6848 厂，还有特批从上海的造船厂抽调的 400 名造船技术干部、造船生产技术骨干充实到建造核潜艇的关键技术岗位。在 6848 厂党委的领导下万众一心，经过三大会战、艰苦奋斗，按期完成了中国第一艘攻击型核潜艇下水、系泊试验、试航和验收。

建造中国第一艘核潜艇的领导干部、专家、海军指战员合影，

(二排左十二张景华、左十三张明翰、左十四高天炎、左十六王荣生、左二十郭景田)

1974 年 8 月 1 日上午，父亲宣布“中国第一艘核潜艇交艇命名大会”开始，主持将中国第一艘攻击型核潜艇交给海军的万人交接大会。中国第一艘攻击型核潜艇被中央军委正式命名为“长征 1 号”(舷号 401)，进入人民海军战斗序列。从此，中国人民解放军又增加了国之重器、极具战略威慑力的“杀手锏”武器，驰骋祖国万里海疆!

人生本不奇，少年寻主义。
十三岁入党，八路有英姿。
抗日作战勇，负伤杀敌人。
足智又多谋，情报准隐蔽。
潜绥远策反，敌兵团起义。
解放立大功，新中国崛起。
战火三八线，谈判计谋奇。
美联军败退，志愿军胜利。
指战员爱戴，书记作范仪。
一生献革命，大公而无私。
听从党召唤，勇攀军科梯。
研国防尖端，诚心求真谛。
创建导弹系，尘名毫无计。
军教沥心血，师生功勋立。
神威原子弹，导弹创奇迹。
核潜艇启航，实现强国志。

【我与父辈】

高小林，高天炎长子，1948 年出生，1971 年入党，曾任建设兵团政治处组织干事，参加我国第一艘核潜艇研制，负责热工仪器仪表调试、检验。退休后被聘为“两弹一星”精神研究院指导委员会委员、哈军工精神研究委员会委员。

父亲非常重视子女的教育，总是鼓励我们多读书。多读书，让我终身受益。

为国防科教事业鞠躬尽瘁
——忆我的父亲邓易非

（作者：邓力　邓壮）

【父辈简介】

邓易非，1917 年 3 月 8 日出生于河北省威县寺庄村，1937 年 10 月入党，11 月组织和率领民兵团加入八路军 129 师。曾任 129 师政治部干部科科长、晋冀鲁豫野战军 3 纵 8 旅 22 团政委、第二野战军 3 兵团 11 军 31 师政治部主任、西南军区军政大学第四总队副政委、第二高级步兵学校第二大队政委、哈军工海军系政委、学院政治部副主任、国防科委第 21 试验基地副政委(主持工作)、海军第 23 试验基地政委等职。曾参与和组织领导了我国第一台电子计算机、第一颗原子弹、第一颗氢弹、第一枚核导弹、第一次地下核爆炸、第一次潜艇水下发射弹道导弹等重大研制和试验任务。

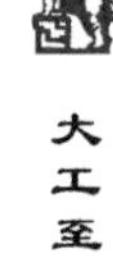

丹心铸剑　戎马一生

父亲邓易非，出生于河北省威县寺庄村。父亲 1933 年 4 月在师范学校读书时参加中共外围组织“读书会”成为骨干，1937 年 10 月入党，参与领导革命团体“抗日救亡工作促进会”。1937 年 11 月，父亲组织和率领民兵团加入八路军 129 师。1938 年 2 月，父亲参与领导对伪军大日本清水部队警备旅的策反工作，成功组织全旅 5 000 余人枪整建制起义，改编为八路军冀南抗日独

立第二师，后并入129师385旅。参军后，父亲历任八路军129师冀鲁一支队组织股长、师部特务营(警卫营)教导员、师供给部(后勤部)党支部书记、师直机关党总支书记、师政治部干部科和组织科科长等职。1942年12月，父亲携带129师营以上干部的全部档案离开129师，调到八路军野战政治部工作。抗战期间，父亲多次带领部队深入敌后作战，参加了冀西、武安、鲁西、五一反扫荡、百团大战等战役和战斗，头部、颈部两次负重伤。由于功绩卓著，父亲多次受到师领导的表扬，两次被评为129师模范党员、模范干部。

解放战争时期，父亲历任晋冀鲁豫野战军3纵8旅22团政委、24团政委、第二野战军3兵团11军31师政治部主任等职，率领部队参加了上党、平汉、陇海、濮阳、豫北、鲁西南、开封、郑州、进军大别山、淮海、渡江、浙赣战役和解放大西南等数百次战役和战斗，四次负伤。在羊山集，他带伤指挥部队攻克要点；在双堆集，他带伤组织部队顽强阻击黄维兵团突围，都受到了二野司令员和政委的表扬。父亲总结出的部队基层系统思想政治工作经验，被第二野战军政治部作为先进典型向全军推广。

父亲本名邓超群，是爷爷根据祖传规矩命名的。他是邓家的第一个男孩，在家谱中名列"超"字辈第一人。因贫穷上不起学，爷爷只好把他过继给了有钱无嗣的大哥，于是父亲名正言顺地成了邓氏家族的"嫡长子"。第一次改名是父亲上师范时积极参加中共外围组织的工作，因进行抗日宣传和组织"抗日游行集会"多次被伪警察局通缉，转入地下秘密活动后，为隐蔽身份改名为"邓逸飞"，笔名"一飞"。第二次改名是父亲到129师师部工作时，师领导说他在刘伯承、徐向前这些名震华夏的统帅身边，名叫"超群"不合适，而"逸飞"有逃走的含义，最后邓政委把父亲的名字改成了谐音的"易非"，意为"改正错误"。从此，父亲的大名邓易非就叫开了。

创办海军系　心血育英才

父亲被陈赓院长选中，参与了创建哈军工及组建海军工程系的工作。1952年9月，他首任学院第一期学员大队政委，完成了学员入系前的预科培训任务。1953年4月，父亲被任命为组建海军工程系的负责人之一(当时因学习苏联的一长制，系一级不设政委，黄景文伯伯任海军系代主任，父亲任海军系政治副主任）。1953年8月，成立了以邓易非为书记的中共海军工程系总支委员会。1955年6月，父亲被正式任命为海军系政委。1962年2月，父亲被任命为哈军工政治部副主任。

父亲和黄景文伯伯在领导创办海军工程系的过程中，对专业设置表现出了超前的战略眼光。他俩提出并筹建创办了未来海战中涉及的一些尖端技术专业，如核潜艇动力、核潜艇船体、海军导弹指挥仪系统、电子计算机、导航、水声等。在父亲担任系领导的十几年中，海军系从最初的5个专业发展到24个，几乎囊括了海军现代化建设所需的所有专业。

在教学工作走上正轨后，父亲和黄景文伯伯等系领导们一起把科研工作提上了重要议事日程，列为与教学同等重要的大事来抓。他们首先组织部分教师和高年级优秀学员围绕本专业的教学和科技方面的问题开展研究，后来在党中央“向科学进军”的号召和院党委的支持下，在全系掀起了大搞技术革命的热潮。他们既抓点又抓面，教学和科研密切结合，以国家下达的科研任务和本系选定的尖端项目为重点，以实验室和专业对口的军工厂为依托，带领全系师生员工开展了科研大协作，取得了丰硕成果。

在父亲和系领导班子的共同努力下，哈军工海军工程系建设成了海军和船舶工业高级军事科技人才的培养基地，涌现出了一大批优秀毕业生，如毕业后曾担任二炮副司令员的1期毕业生杨桓；担任黑龙江省人大常委会副主任的2期毕业生朱典明；担任国务院副秘书长和国务院参事室主任的3期毕业生徐志坚；担任海军副司令员的9期毕业生金茅等。

精心组织　勇攀高峰

1957年9月，父亲在海军系三科柳克俊同志《关于发展艇用电子计算机的报告》上批示：“柳克俊同志的报告写得很好，同意搞。要有中国人的志气，一定要搞好，相信一定能搞好！”父亲和黄景文伯伯商量以后决定，把舰载电子计算机列入重点尖端项目，作为海军系科研攻关的重中之重，并得到了院领导的批准。按照分工，系主任主抓教学，政委主抓科研。从此，父亲就到电子计算机科研组蹲点，亲自指挥项目攻关。

报 告

关于发展射用电子计算机——

研究试制供快射用的快速电子指挥仪

我在309教授会负责水中兵器指挥仪系统工作，其中以快射当[illegible]为简陋，为当快射的是当前最要问题，1956年下半年起了研制了，通过试航以及海上实际情况，进一步得合对改革的必要。1956年底[illegible]合世界电子计算技术的情况，已萌芽了想用电子数字计算技术来[illegible]决此问题，经过不断的实际探索，特建议发展海军射用电子计算机，[illegible]电子数字技术来首先解决快射的有关问题，然后再推广到其他部门。[illegible]

[illegible]计算机，现把初设想以该机的条件予来报上，请审批。

呈系首长并转有关部门

三系三科309教授会 柳克俊

1957.8.10

柳克俊同志的报告，写的很好，同意搞。要有中国人的志气一定要搞好，相信一定能搞好！ 陈赓

一九五七.九

柳克俊报告批示照

电子计算机属于当时全世界最尖端的高科技项目，海军系在一无资料、二无设备、三无经验的情况下，仅凭一些基本理论知识、少许技术线索和自力更生的独创精神，白手起家研制计算机。过程中遇到了难以计数的困难，项目研究、试验、探索、改进等，每遇到一个难题，父亲都亲临现场，动员群众发扬民主、集思广益，让专家、教授和每个参试人员都畅所欲言，仔细分析出现的问题，研究解决办法。通过精心组织、反复论证、反复试验，如抽丝剥茧般一个一个找到了解决难题的途径和办法。

在进行攻关实验最紧张的几个月里，父亲几乎每天都到科研组和科研人员们一起拼搏。他经常跟大家一起干到深夜甚至天亮，吃窝头和咸菜也是家常便饭。在他的榜样作用和针对性极强的思想政治工作引导下，科研人员的积极性和主观能动性如“火山式爆发”，以出人意料的速度完成了项目研制任

务，终于在1958年9月我国第一台电子计算机研制成功（后来装备到舰艇自动指挥仪上）。为此，哈军工谢有法政委、刘居英副院长于1958年9月30日向时任国防科委主任聂荣臻、总参谋长黄克诚和海军司令员萧劲光、政委苏振华发专电报捷：哈军工海军系自行设计、制造的全国第一台舰载数字电子计算机于1958年9月28日胜利研制完成。这是哈军工向新中国1958年国庆节献上的一份大礼！

按照中央的要求，1958年10月这台电子计算机在北京展出。周恩来、李富春、陈毅、贺龙、罗荣桓、聂荣臻等中央领导同志到场参观，给予了极高的评价。50年后提及此事，刘居英院长还伸出大拇指说："那是哈军工历史上最露脸的一次！"

不负总理嘱托　勠力"两弹一星"

由于领导了这台计算机的研制工作，经陈赓院长推荐，周恩来同志记住了"哈军工会抓科技工作的政工干部邓易非"。1964年7月，距我国第一颗原子弹爆炸仅3个月之际，承担核爆任务的国防科委第21试验基地常勇政委突发车祸致瘫痪。周恩来同志指示聂荣臻，点名急调邓易非进京。周恩来同志签发委任状任命我父亲担任21基地副政委，接替常勇政委的工作。父亲从北京直接赶赴新疆马兰，参与领导了我国第一颗原子弹爆炸任务。在新的岗位上，父亲与基地领导班子精心组织，按期完成了我国第一颗原子弹、第一颗氢弹、第一枚核导弹、第一次地下核爆炸等几十次核试验任务，筑就了核威慑长城，保障了国家安全。

1977年4月，父亲从国防科委第21试验基地调到海军第23试验基地，他在哈军工海军系的老搭档黄景文伯伯也在该基地工作。自此，父亲与黄景文伯伯又携手完成了第一次潜艇水下发射弹道导弹等战略武器试验任务，

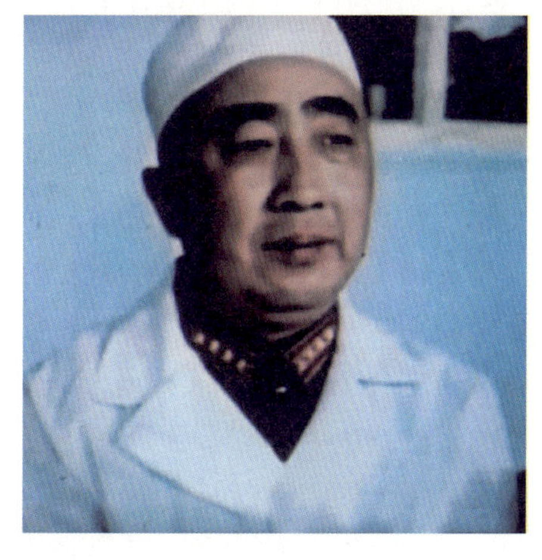
父亲邓易非第一颗原子弹主控室照

为大国重器再添砖瓦。父亲 1984 年 5 月以副兵团职离休，1992 年 12 月 8 日在海军总医院去世。

1982 年 10 月 12 日我国第一次潜艇水下发射弹道导弹试验成功

（父亲邓易非（中）与基地司令员、参谋长在潜射巨浪 1 号导弹的潜艇前）

父亲曾说，他一生中最大的责任和荣耀，是参与组织和领导了我国第一台电子计算机、第一颗原子弹、第一颗氢弹、第一枚核导弹、第一次地下核爆炸、第一次潜艇水下发射弹道导弹等重大试验任务，并且全部获得了成功。作为我军唯一一名横跨电子、陆基、海基三大战略领域核心装备研制的主要指挥员，父亲呕心沥血，殚精竭虑，为军队建设、国防科技和教育事业贡献了自己的毕生力量。邓易非用全部身心和行动证明，他无愧于陈赓院长的栽培和周恩来同志委以的重任！

【我与父辈】

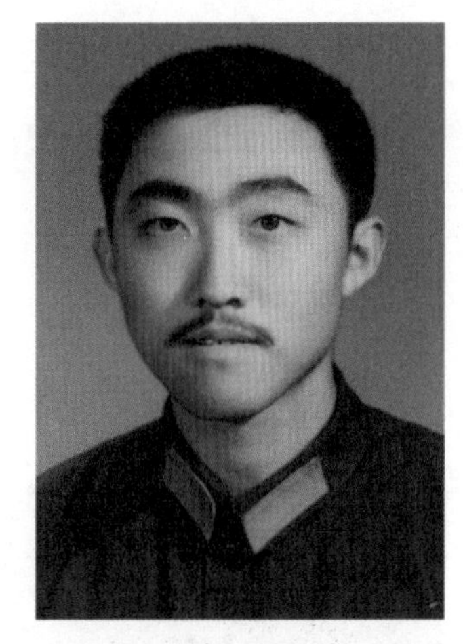

邓力，邓易非的长子，1953 年 12 月出生于哈尔滨市，1969 年 7 月参加工作，同年 12 月入伍，1971 年 11 月入党，曾在工厂、部队、农场、公安、工商、纪检委、政法委、研究所、投资公司等单位工作，曾任荣毅仁、刘华清同志的顾问。

邓壮，邓易非的次子。1956 年 9 月出生于哈尔滨市，1973 年 12 月参加工作，1976 年 12 月入伍，1978 年 7 月入党，先后在企业、部队、审计署等单位工作。

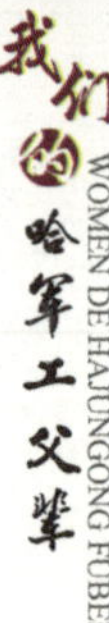

教书育人桃李芬芳　科研成果用于国防
——忆我的父亲黄明慎、母亲李宝贞

（作者：黄向欣）

【父辈简介】

黄明慎，1923 年出生于广东省台山县；1946 年毕业于西南联合大学机械系；1949 年毕业于美国伊利诺伊理工学院机械系，获硕士学位；1950 年返回祖国参加新中国建设；1952 年调至哈军工；1962 年任副教授；1980 年调到上海交通大学六系任教授；1994 年退休。

李宝贞，1923 年出生于北京市；1941 年 9 月考入燕京大学物理系；1941 年 12 月转学至学辅仁大学物理系；1946 年获得燕京大学物理学硕士；1954 年调至哈尔滨工业大学任教，后调至哈军工任基础部物理教研室任讲师；1980 年调到上海交通大学应用物理系任教授；1994 年退休。

【我的父辈——父亲黄明慎】

以祖国需要为第一需要

父亲黄明慎读大学时，因抗日战争爆发，局势不定，许多大学关停并转，先后辗转于广东的岭南大学、广西的桂林大学，最后历尽坎坷到西南联合大学机械系学习，并于1946年获得学士学位。在西南联合大学毕业后，父亲远渡重洋考入美国名校伊利诺伊理工学院继续深造，刻苦学习，获得硕士学位。

有了美国名校的硕士文凭，在美国找到高薪工作、衣食无忧、生活富裕是很容易的。当父亲得知中华人民共和国成立、急需高级科技人员的消息，他毅然放弃在美国的优厚待遇，怀着满腔爱国热情，决定返回中国，报效祖国。1950年8月28日，父亲和一批留美学者搭乘“威尔逊总统”号邮轮起航回国。同船的有许多科技精英，如父亲在西南联合大学的校友邓稼先、朱光亚，以及钱学森的学生、后来同在哈军工任教的罗时钧。

父亲从美国回到中国后，先后在燕京大学、清华大学任教。1952年毛泽东同志签发命令，任命陈赓为中国人民解放军军事工程学院院长。创建现代化的军事工程学院，首先要有优秀的教师，因此陈赓院长从全国各大院校召集精兵强将、教学骨干来哈军工，父亲也是陈赓院长邀请的首批高校精英教师之一。他放弃了在北京的舒适环境，从清华大学调到哈军工，是第一批从外地大学调到哈军工的教师，为建院元老。

参军入伍后的父亲黄明慎

哈军工创建之初，按军兵种设置了空军、炮兵、海军、装甲兵、工兵共5个系，每个系拥有一座独立的教学大楼。高起点、高速度地集中力量建设一所高水平的军事工程学院，是

在新中国刚刚诞生的背景下，国家财力有限、军队技术力量薄弱、各军兵种没有条件分别建立各自的高等技术院校时采取的措施。

父亲所在的海军工程系是学院首创的五个系之一。在海军和学院党委的共同领导下，根据海军建设需要，培养了大量急需的尖端科技人才，为新中国海军现代化建设做出贡献。父亲在哈军工工作期间，参加了大量的教学和科研工作。1955 年父亲被授海军少校军衔，1964 年晋升为中校军衔，1962 年被评为副教授。

父亲教学认真负责，传道授业一丝不苟。1961 年，父亲任液压教学组组长，该专业共培养了三届毕业生，他们成为海军舰艇研究院所的军事高科技人才，为海军的现代化建设做出了贡献。

学院部分领导和教授合影

（第二排左起第四位为父亲黄明慎）

在哈军工工作期间，父亲不但从事教学工作、教书育人，而且还参加军事科学研究和学术书籍翻译。1970—1978 年，父亲参加了海军给学院下达的研制 62 高速炮艇减摇鳍的任务，其目的是减轻风浪对航行中火炮射击的影响，提高命中率。在研制过程中必须在风大浪高时出海，这样才能测试减摇鳍的性能，因此研究人员必须要克服晕船呕吐、水土不服等困难。该科研成果荣获 1978 年全国科技大会奖。

在军舰上的合影

（第二排左起第二位为父亲黄明慎）

父亲曾经留学美国，英文功底深厚，因此翻译了《液压气动伺服机构》《液压实验室自动化》等国外教材。

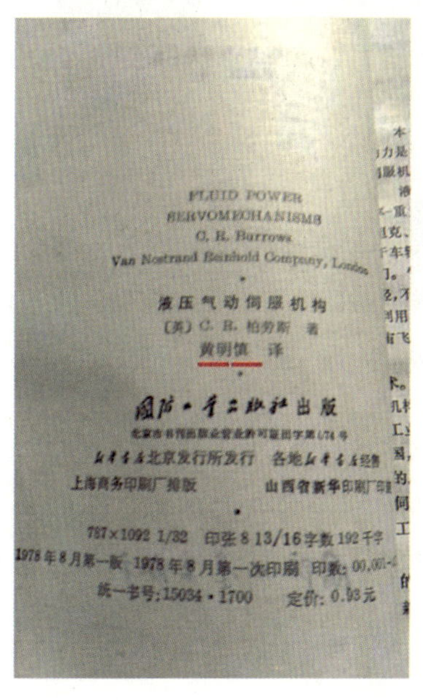

FLUID POWER
SERVOMECHANISMS
C. R. Burrows
Van Nostrand Reinhold Company, London

液压气动伺服机构
〔英〕C. R. 柏劳斯 著
黄明慎 译

国防工业出版社出版
北京市书刊出版业营业许可证出字第174号
新华书店北京发行所发行 各地新华书店经售
上海商务印刷厂排版 山西省新华印刷厂印

787×1092 1/32 印张 8 13/16 字数 192 千字
1978 年 8 月第一版 1978 年 8 月第一次印刷 印数：00,001-
统一书号：15034・1700 定价：0.93元

父亲黄明慎翻译的教材

【我的父辈——母亲李宝贞】

接受高等教育　学习物理教书育人

母亲李宝贞于 1941 年 9 月以优秀成绩考入燕京大学物理系。1941 年 12 月母亲转学到辅仁大学继续学习物理。抗日战争结束后，母亲重返燕京大学，并于 1946 年获物理硕士学位。

1954 年，母亲为与父亲团聚，从北京地质学院（今中国地质大学）调到哈尔滨，先在哈尔滨工业大学任教，之后调到哈军工基础部物理系教研室任教。她认真负责，在教学的第一线辛勤工作、孜孜不倦，教书育人近 30 年。

与哈军工的苏联专家等合影

（左起第三位为母亲李宝贞，第五位为父亲黄明慎）

母亲和学生们关系融洽，深受学生们的欢迎和爱戴。一些学生曾经来我家，母亲帮助他们辅导功课，还会欣赏一些音乐大师的古典音乐作品，至今我还清楚地记得罗瑞卿将军的女儿罗峪书等哈军工学员们来我家做客的场景。

全家人合影

【我与父辈】

黄向欣，黄明慎之女，1956 年出生于哈尔滨；1983 年毕业于黑龙江中医药大学中医系，中医学士；1983—1994 年任上海三甲医院中医科中医主治医师；1994 年至今在澳大利亚墨尔本中医诊所工作。2016 年世界中医药联合会考试后晋级中医主任医师。

父母一生中前后共有四十余年辛勤耕耘在大学校园，将毕生精力贡献给中国的大学教育事业和国防建设。哈军工是我国国防科技和高等教育史上的一座丰碑，哈军工的传统值得发扬光大。

情系哈军工　育人三高校
——忆我的父亲吴智猷、母亲吴康

（作者：吴雪）

【父辈简介】

父亲吴智猷，1932 年 3 月出生；母亲吴康，1932 年 12 月出生，两人曾任哈军工基础课部外语教研室教员。他们一生中最美好的年华是与哈军工激情燃烧的岁月融为一体的。父母均是大学在读期间参军，转入中国人民解放军俄文专科学校学习，毕业后分配至哈军工俄语教研室任教。1974 年，父母同时从哈军工调入武汉理工大学（原武汉工学院，简称“武工”）任教，1985 年又同时调入中国计量学院（今中国计量大学）任教。父母一生热爱祖国和教育事业，教书育人，桃李芬芳。

【我的父辈】

大学从戎攻俄语　报效祖国勤耕读

父亲吴智猷中学毕业于上海私立立人中学，后考入大连大学俄文系。1952年9月，父亲随俄文系一起集体参军转入中国人民解放军俄文专科学校学习。我父亲是从深宅老院里出来的热血青年，性格外向，热情爽朗，是典型的见面熟。父亲虽然好动，但学习上抓得很紧，尤其重视打好基本功。记得我在中学学习俄语期间，有个卷舌“勒”音总是发不好，而父母都能一口气发出卷舌“勒”音，时间悠长又好听，用“绕梁三周”形容也不为过，令我羡慕不已。父亲反复教我发音要领，可我怎么练都达不到他们的水平。父母劝我不要心急，跟我说：“这不是短期就能练会的，我们都是在大学期间每天勤学苦练才练出来的。”父母俄语听说读写的基本功也是在大学期间勤奋练习打下的，并训练用俄语表达时达到思维自动化的程度。父母之间也经常用俄语对话，尤其是他们要说什么悄悄话不想让我听到的时候，不过我还是能听出来他们彼此用俄文名字称呼对方，因为我知道父亲的俄文名是“瓦洛佳”，母亲的俄文名是“维拉”。他们还会唱很多首好听的俄语歌曲，至今我手里还保存着父亲记有俄语原文歌曲的笔记本，那一手漂亮的俄文字符仿佛都在向我诉说着当年的故事。

我母亲吴康是出生于书香之家的大家闺秀，聪慧文雅，是特别热爱学习、善于学习和勤奋用功的尖子生。记得父亲经常回忆说，母亲分到哈军工俄语教研室工作的第一天，教研室主任就给大家介绍道：“今天我给大家介绍一位俄语专业的优秀毕业生，她在学校每门功课都是5分！”按照现在的说法母亲应该是“学霸”。我更为钦佩母亲的是，她能在花季年龄义无反顾地放弃大学学业（武汉大学化学专业），响应祖国的召唤报名参军，那可是要从鸟语花香、樱花环抱的武汉大学校园奔赴炮火连天、硝烟弥漫的战场啊！还有我的外婆与外公，不仅双双完成大学学业，也把他们的八个子女都培养成大学毕业生。在我母亲参军那年，我二姨（与我母亲是双胞胎）也考取了中国医科大学，所以我外婆身边一下就远走两个女儿。据我八姨说，《长江日报》为此还对我外婆做了专访，配上了外婆身戴红花在欢送母亲参军大会上的照片。我外婆在

大会上发言说："我有八个孩子，我会把他们都一一培养成才送到祖国最需要的地方！"她老人家完完全全做到了！我想我母亲的热血里也一定流淌着外婆的基因和情愫。

携手军工授外语　潜心教研唯育人

哈军工是我父母相识相爱喜结连理之地，更是他们奉献青春年华和燃烧激情岁月之地。在父亲分到哈军工两年后，母亲也分到父亲所在的俄语教研室任教。当时的哈军工俄语教研室的男青年教员们都生机勃勃、英俊帅气，女青年教员们更是飒爽英姿、靓丽漂亮。1956 年，俄语教研室就有四对新人一起举行集体婚礼，这其中就有我的父母。

在我的记忆里，父母对待教学工作一直是全身心地投入，一丝不苟，极其认真负责。从我记事起，就常常看到他们之间相互讨论切磋，互学互促。父母在备课、授课、辅导和答疑等各个教学环节中都倾注了大量精力和心血。为了全身心投入教学工作，1957 年我出生后就被父母送到汉口外婆家，父母与我的联系就是邮寄给我他们照片背后的那排题字。直到我三岁以后能入幼儿园了，父母才将我接回哈军工。我上学前那些年，父母每周一将我送进全托幼儿园，周六再接回家。周末回到家里，晚上几乎都是伴随着父母用留声机播放的俄语诵读声中睡着的。

母亲是哈军工最早开展俄语"四会"(听、说、读、写)教学的教员。1960 年，母亲担任中央军委委托哈军工主办的全军留苏预备班的主讲教师，因教学效果好，受到学员们的一致好评。文小平叔叔就是我母亲在全军留苏预备班中的优秀学员，当时文叔叔已从哈军工毕业留校，在导弹工程系 701 教研室任见习助教。文叔叔在回忆我母亲时写道："吴康老师热情，对学员认真负责的教学态度，是给我留下的第一印象；口语训练是重要的教学方式，吴老师教育我们要从日常用语做起，有问题问老师时，尽量学着用俄语发问；同学之间，能用俄语表达的，就不说汉语。吴康老师和学员之间关系融洽，她常在课间和学员交谈中了解学员学习情况和接受程度。听过她授课的学员们都认为，吴老师不仅外语水平高，而且是全心全意投入到教学工作之中，为教学服务，我从内心敬佩她。"

母亲从1962年开始担任年级教学小组长工作，为提高全年级的教学质量，她组织大家编写了俄语集体教案，教案中例句丰富，并附有备用的练习材料，为开展四会教学奠定了基础。母亲通过有意识地在各个环节，如课堂口头用语、例句练习、引言及课文大意中加强词汇的复现率，从多感官刺激来增强学员的记忆和听、说能力，进而加强句型的读、写能力。所以在基础阶段结束的测试中，母亲教的班级学员都取得了优良成绩，母亲所组织的公开课也都受到好评。母亲也曾多次评为哈军工先进工作者。

1960年3月1日，父亲接到哈军工出版刊物《工学》的录用通知，告知父亲撰写的文章《如何进行考试前的辅导答疑工作》已在第18期上发表了。文章前的编者按写道："这篇介绍辅导、答疑的经验体会的文章，谈的是俄语教学方面的，但有两点看来具有普遍的意义：一是教员在进行辅导、答疑时，不光是就问题解答问题，而且要关心、注意学员的复习方法，指导和帮助他们改善方法，换句话说，就是既管教又管学；二是教员在辅导、答疑时也要走群众路线，要把教员的主导作用同学员的积极性、主动精神以及他们中的骨干力量，很好地配合起来。希望同志们注意参考。"

为加强基础教学，父母在完成正常教学工作之余，均参加了外语教研室《俄语语法》一套书籍的编写工作，该套书于1962年12月铅印出版，分为第Ⅰ册(词法)和第Ⅱ册(句法)。母亲作为主要编写者之一，执笔定稿了该套书的第Ⅱ册(句法)。这套书一方面可供教师配合词汇课本就有关章节向学员进行系统的语法讲授；另一方面可供学员在复习时巩固和加深所学的语法知识，还可在做作业或阅读课外书籍过程中遇到语法疑难时进行查阅，因此这套书是哈军工俄语教学的主要参考书，很受学员们的喜欢。

为了增强业务能力和提高专业素养，母亲还利用业余时间去哈尔滨外国语学院旁听俄语教学；参加黑龙江省广播大学逻辑学进修班；参加哈军工苏联文学进修班；还跟随苏联专家学习了两年英语。1964年，学院决定让母亲转教英语。由于母亲中学时期在教会学校学习，当时英语课、图画、音乐全是由英国人或美国人教授，所以英语基础较好。为了更好地胜任英语教学，母亲自学了各类中外英语经典教材，做了大量的读书笔记，并在英语口语、听力、阅读和写作方面勤奋训练，因此无论是在哈军工，还是后来任教的武汉理工大学、中国计量大学及外聘的浙江大学，母亲在英语教学上都取得了

很好的教学效果，桃李遍天下，广受师生们好评。

哈军工俄语教研室部分教员合影

（母亲前排左三，父亲后排右三）

父亲除了教授俄语以外，利用业余时间自学了英语、日语和德语。为了开设日语二外教学班，他一直坚持去黑龙江大学进修日语。那时只要收音机里播放日语广播教学课程，父亲都会跟着学习和练习，他不仅自学了十几套日语教材，做了大量笔记，还翻烂了好几本日语字典。

父母不仅认真教书，平时也从思想和生活上关心、关怀学员。文小平叔叔回忆道："由于其他原因，我去留苏预备班报到时，已开课半个多月了，这对于专攻俄语的预备班来说，我落下的学习进度不算太多，可也不算少。吴康老师得知我迟到的情况，非常关心，要我不要着急，她先把总的学习要求说了之后，又告知我当前的教学进度，要我在学好当前课程的同时，补上所缺的课程。她依据教材，详细地给我阐述了已经讲授过的内容，以及需要掌握的用语和词汇量。在这个过程中，吴老师还就已讲授过的课程，问我一些问题，试探性地考察我的俄语基础和接受能力，然后说，以后有问题随时找她。实际上这是吴老师给我单独地补了一次课。吴老师的个别辅导，令我倍感亲切，感受到她作为教师对学员的关爱。”

1974 年，武汉工学院(现为武汉理工大学)派专人来哈军工调我父母去该校任教。1974 年底，我父母终于依依不舍地告别了工作和生活了二十年的哈军工，带领全家移居到武汉。

武工深耕英日俄　计量大学携后人

1975 年的春节是我外婆二十多年以来过得最开心的节假日，因为她迎来了我们全家和我四舅全家都调回武汉在她的身边工作。父母顺利调入武汉工学院后，很快安置好了新家。父母在武汉工学院的工作和生活是繁忙劳累的，他们一边投入到紧张的教学工作中，一边还要照顾上小学的妹妹及上幼儿园的弟弟。

母亲在武汉工学院教授英语基础课和俄语精读课，父亲教授日语二外及俄语二外课。20 世纪 70 年代中期的大学生，都是推荐上大学的工农兵学员，教学参考书也比较少，父母常常自刻钢板，油印讲义、练习和复习资料分发给学生们使用。

父亲在教学中自编刻印的《简明科技日语语法》简明扼要、通俗易学，很受学生们欢迎。父亲和母亲还一起共同研究探索比较教学法，合作编写、刻印了日、英、汉对照的《科技日语教程》。通过比较教学法，在一门课中以汉语为桥梁，使学生同时接受两种外语的刺激，从而在大脑中设定、映射相应的语感，通过比较语感的个性加深记忆，不仅能使学日语二外的学生更快地掌握日语基础知识，且能进一步巩固和提高学生以前所学的英语水平，在教学中收到了独特的好效果。

母亲一直坚持进修英语，深耕不辍，先后学完各种类型的经典教材，多次参加专项培训班。1982—1985 年，母亲担任武汉工学院外语教研室主任，负责教学、师资培养及外籍教师教学管理等工作；推行文、理科结合教材的使用及分级教学的组织工作；领导编写专业英语教材的工作。母亲在华中工学院进修时，我正在华中工学院读大四。母亲住在校区西边，我住在校区东边。因为校园树木郁郁葱葱，占地面积很大，从西到东走路至少需要半个多

小时。那时没有手机，打电话联系很不方便，所以为了全力以赴抓紧时间学习，母亲和我同校学习阶段从未在学校里联系过。但我们会周末回到家里相聚，交流各自在校的学习情况。父亲曾调侃我们母女俩："两耳不闻窗外事，同校学习不谋面。"

1985 年，父母携刚大学毕业的妹妹和刚上初中的弟弟一起调往位于杭州的中国计量学院（现为中国计量大学），那时我已经毕业留校任教而留在了武汉。中国计量学院当时是一所专科学校，父母进校后一方面继续教授英、日、俄外语课，并先后担任教研室主任等管理工作，积极开展教学法研究和教学改革，制定近期和长远发展规划，为学院升为本科院校建言献策，为学校建设和发展做了许多工作和贡献；另一方面关心青年教师成长，努力培养青年教师尽快胜任本科教研工作，帮助和支持他们担当重任。

四十余年来，父母在从北到南的三所高校中教书育人，兢兢业业，勤勉尽责，讲授俄、英、日等多种外语，担任过本科普通班、本科快班、留苏预备班、干部专修班、专科班、闭路电视教学班、高年级精读班、研究生辅导班、二外辅修班等各类学生班的任课教师，培养的学生数以千计，真正是：躬耕教育三高校，桃李天下溢芬芳。

【我与父辈】

吴雪，吴智猷与吴康之长女，1957 年 2 月出生于哈军工。1977 年考入华中工学院（现华中科技大学）自动化专业，毕业后留校任教并在职获硕士学位，后又先后调入天津大学、华东理工大学任教，从事电工理论与新技术、图论与通信网系统优化、智能计算与信息处理等方向的教学与科研工作。

我在工作中取得的每一项成果都是与父母言传身教、潜移默化的影响分不开的。可以告慰父母的是，我和妹妹、弟弟都没有辜负父母对我们的悉心培育和殷切期望，他们的精神正在后代身上以及他们的学生中得到传承和延续。

后　记

2023年是哈军工成立70周年。习近平总书记在2013年视察国防科技大学时曾指出，哈军工在艰难困苦中奋起，在艰辛探索中前进，为我国培养高级军事技术人才、发展先进武器装备发挥了开创性作用。以哈军工为基础，分建出军地多所高校，但形散神不散。哈军工是我国国防科技和高等教育史上的一座丰碑，哈军工的传统值得发扬光大。

为了深刻怀念父辈们为国报国爱国的精神，让他们可贵的精神在立德树人方面发挥重要作用，哈尔滨工程大学出版社面向全体哈军工子弟开展了《我们的哈军工父辈》征稿活动。

在近两个月的征稿时间里，我们收到了30余位哈军工子弟的投稿，还有一些老师与我们联系，准备投稿。老师们给我们的工作提出了诸多好的建议，在此向各位老师表示感谢。在征稿组稿的过程中，得到了杨昂岳、尚毅两位老师的悉心帮助与指导，在此一并表示衷心的感谢。老师们对哈军工的深厚情感，对父辈们的殷切思念，都在字里行间触动着我们、教育着我们，让我们备受鼓舞。

本书共收录文章30篇，按照交稿的时间顺序排序、成书。在稿件加工、编辑的过程中，因水平有限，难免有不当之处，还请各位老师谅解、指正。

期待通过我们的工作，让更多人在哈军工精神的滋养中受益。我们想说：哈军工的前辈们虽已走远，但你们就在前方；你们从未离开，你们的精神永远与我们的事业同在……

2023年4月